Eva Schmidt

Jüdische Familien im Weimar der Klassik und Nachklassik

in memoriam
Dr. Else Behrend-Rosenfeld

Weimar 1993

Weimarer Schriften
Heft 48 * 1993

Herausgegeben
vom Stadtmuseum Weimar

ISBN 3-910053-24-6
ISSN 0232-8976

Anschrift des Herausgebers und der Redaktion:
Stadtmuseum Weimar, Karl-Liebknecht-Straße 7, O-5300 Weimar

Reihenentwurf: Rolf-Dieter Schwippe
Gestaltung: Paul Kaiser
Schrift: Walbaum-Antiqua

Printed in Germany
Gesamtherstellung: Weimardruck GmbH

Inhalt

Vorwort 5

Die allgemeine Lage der Juden in Sachsen-Weimar-Eisenach ... 7

Weimars jüdische Familien seit 1770
Jacob Elkan (1742–1805) 15
Jacob Löser (1753–1818) 41
Jacob Elkans Söhne
Meyer Elkan (1773–1813) 43
Julius Elkan (1780?–1839) und Alexander Elkan (1791–1865) 51
August Callmann (1804–1869) 63
Hermann Moritz (1820–1885) 68
Roderich Moritz (1851–1931) 72
Die Familie Ulmann
Gabriel Ulmann (1743–1816) und Ephraim Ulmann (1770–1830) 75
Claudius Ulmann (1810–1893) 82
Heinrich Ephraim Ulmann (1841–1931) 87
Moses Levi († 1810) und sein Sohn Israel Levi Lichtenstein (1784–1856) 91

Der jüdische Friedhof in Weimar 97

Anmerkungen 121
Bildnachweis 135
Quellen und Literatur 136
Biografie der Autorin 139

Nach der 1991 erfolgten Änderung des Reihentitels in
Weimarer Schriften
wurden die Heftnummern 39, 40, 42 und 44 der Reihe
Tradition und Gegenwart/Weimarer Schriften
nicht mehr besetzt.
Die *neuen* Weimarer Schriften beginnen mit Heft 45.

Vorwort

Am 7. April 1770, in der Zeit also, als die jungverwitwete Herzogin Anna Amalia die Obervormundschaft über ihre beiden Söhne innehatte und für den älteren von beiden, Carl August, die Regentschaft führte, meldeten die Weimarischen Wöchentlichen Anzeigen unter „Beförderungen“: „Auch haben Serenissima den Juden Jacob Elkan zum Hofjuden gnädigst ernennet und ebendemselben die freye Handlung in dem Fürstentum Weimar verstattet.“

So unscheinbar diese Mitteilung zunächst aussieht, so hat doch die darin enthaltene Tatsache von der Aufnahme des ersten Juden, der sich auf die Dauer in Weimar niederlassen und im ganzen Fürstentum seinen Geschäften nachgehen durfte, eine Entwicklung eingeleitet, die der Stadt auf wirtschaftlichem, sozialem und kulturellem Gebiet Begabungen, Impulse und Kräfte im Nebeneinander mit den Bürgern der nichtjüdischen Bevölkerung, insbesondere der Handelsbourgeoisie und des Kleinbürgertums, zuführte, obwohl ihre Zahl stets gering blieb und sie niemals eine eigene jüdische Gemeinde bildeten noch je zu bilden wünschten. Die im folgenden dargelegten Ergebnisse familiengeschichtlicher Untersuchungen beruhen daher nicht auf einer Auswahl aus der im letzten Drittel des 18. Jahrhunderts und im 19. Jahrhundert bis etwa 1860 in Weimar lebenden Judenschaft, sondern gelten den aus amtlichen Unterlagen erfaßten, in Familien oder Berufsgemeinschaften zusammengeschlossenen Juden insgesamt.

Wenn sich ferner die Arbeit auf die klassische und nachklassische Zeit beschränkt, nur bei einzelnen Persönlichkeiten auch darüber hinaus geht und bewußt die Zeit der Verfolgungen und Vernichtungen in der Zeit des Faschismus unberücksichtigt ließ, so hat das seinen Grund nicht nur darin, daß es den Rahmen dieser Publikation gesprengt hätte, sondern vor allem in der bis in die letzte Zeit bestehenden Unübersichtlichkeit und Unerschlossenheit des Tatsachenmaterials.

Diejenigen Weimarer Juden, die die Verfasserin gekannt hat oder von deren Abstammung sie wußte, bilden ja nur einen Teil der mit unbekanntem Ziel Emigrierten oder in einem Vernichtungslager Ermordeten. Für die vielen, die litten und starben, sei stellvertretend ein Grab genannt, das sich weit draußen auf einem nicht mehr benutzten Grabfeld des Weimarer Städtischen Friedhofs befindet. Ein heller Grabstein mit dem Davidstern über der Inschrift am schlichten Efeugrab weist auf einen Buchenwaldhäftling aus Polen hin, der die Befreiung des Konzentrationslagers überlebte, aber einige Monate darauf, 44 Jahre alt, im Weimarer Krankenhaus starb.

Die Redaktion der Weimarer Schriften hat sich entschlossen, dieser unveränderten zweiten Auflage in absehbarer Zeit eine fortführende Darstellung folgen zu lassen, die auf erfolgreiche Forschungen einiger Autoren in den letztvergangenen Jahren fußt.

Im Oktober 1992

Die allgemeine Lage der Juden in Sachsen-Weimar-Eisenach

Wie sah es in dem zu behandelnden Zeitraum mit der allgemeinen Lage der Juden im Herzogtum und späteren Großherzogtum aus? Ein Rückblick auf das vorangegangene Jahrhundert sei vorangeschickt.

Als sich nach dem Abschluß des Westfälischen Friedens die Fürsten bemühten, ihren Ländern zu Bedeutung und Wohlstand zu verhelfen, sich der Abhängigkeit von den Ständen zu entziehen und zur Ordnung ihrer Finanzen geeignete Kräfte heranzuholen, bedeutete das für die Juden, die sich als Steuerzahler, Verbreiter der Landesprodukte und damit als Antriebskräfte für den Handel erwiesen hatten, einen neuen Lebensabschnitt, wenigstens für einen Teil von ihnen. Die Bewegungsfreiheit der Juden insgesamt blieb weiter sehr beschränkt. Als „Schutzjuden“[1] hatten sie Steuern und Abgaben zu leisten, zu den Zünften waren sie nicht zugelassen. Sie konnten also kein Handwerk betreiben, sondern lebten allein vom Handel. Dabei hatten sie oft die bittere Anfeindung der Zünfte und der Krämer zu ertragen, die die Konkurrenz der Juden fürchteten. Deren Handelsgebaren, das Vorführen und Anbieten ihrer Waren nicht nur in ihren Lagern, sondern auch in den Häusern von Stadt und Land, stand ihrem eigenen entgegen und war ihnen fremd. Sie warteten ohne besonderes Angebot in ihren Läden auf die Käufer. Ihre Beschwerden bei den Landesherren hatten wenig Erfolg. Die Fürsten nahmen gerne Juden auf, von denen so manche Kapital ins Land brachten und oftmals weitverzweigte Handelsverbindungen hatten. Hof und Hofbeamtenschaft waren zahlungsfähige Kunden. Selbst in denjenigen Ländern, die sonst keine Juden zuließen, wurden im Zeitalter des Absolutismus Hofjuden oder Hoffaktoren vor allem an den kleinen Fürstenhöfen eine allgemeine Einrichtung. Sie besaßen oft eine besondere Vertrauensstellung, übten auch politischen Einfluß aus. Von dem für die zugelassenen Schutzjuden[1] geltenden Gericht und von dem Rabbinergericht[2] waren sie befreit. Sie hatten für den Hof Luxuswaren, Juwelen und Geld zu besorgen, für die Münze Edelmetall zu beschaffen und die Heere mit Pferden, Fourage und Kriegsmaterial zu beliefern. Die Feinde der Juden sahen nur die Schattenseiten dieser Verhältnisse und dämonisierten das Bild der privilegierten Juden ebenso wie das des Trödeljuden. Man erinnere sich, daß nur zweiunddreißig Jahre vor der Ernennung Jacob Elkans zum Hofjuden der Agent und Ratgeber des Herzogs in Württemberg Jud Süß Oppenheimer gehenkt wurde!

Im großen und ganzen änderten sich die Vorurteile über die Juden zu deren Gunsten mit der Verbreitung der von der französischen Revolution ausgegangenen Ideen von der natürlichen Gleichberechtigung aller Menschen. Wenigstens die allgemeinen Menschenrechte, aber noch nicht die Bürgerrechte sollten ihnen gewährt werden.[3]

Wie war die Lage im Herzogtum Sachsen-Weimar-Eisenach? Noch im ausgehenden 18. Jahrhundert war die Zahl der Juden hier äußerst gering, ihre rechtlichen Verhältnisse wie anderswo sehr beschränkt. Das Eisenacher Mandat von 1770 galt nur für fremde, nicht für ansässige Juden, war also für die Allgemeinheit völlig unbrauchbar. Einen erheblichen Zuwachs an Juden ergab dann aber die im Jahre 1815 auf Grund der Beschlüsse des Wiener Kongresses erfolgte Vergrößerung des Herzogtums – nunmehr Großherzogtums – vor allem durch die in und an der Rhön mit Lengsfeld, heute Stadtlengsfeld, als Mittelpunkt. Dort gab es überall eine große Anzahl handeltreibender Juden, denen – oft zu Unrecht – von der bäuerlichen Bevölkerung

Wucher vorgeworfen und Haß entgegengebracht wurde.

Für das Jahr 1818 führt ein Verzeichnis etwa 1200 Juden im gesamten Großherzogtum auf; von ihnen kamen auf Weimar 36, auf Eisenach 7, alle übrigen auf die neuen Landesteile.[4] Eine Neuordnung auf gesetzlichem Wege war dringend erforderlich. Andere deutsche Länder waren damit bereits vorangegangen, so Preußen mit dem Edikt von 1812, Hildburghausen mit dem Mandat von 1814. Sie standen auf dem Boden der Emanzipation der Juden und damit auch der Beseitigung der Gesetze, die ihre Bewegungsfreiheit einschränkten. In Weimar hatte man sich bisher mit Provisorien geholfen, die aber in den einzelnen Landesteilen verschieden, daher auf die Dauer unhaltbar waren. Widerstände reaktionärer Art gab es freilich schon bald wieder, teils in christlichen Kreisen, teils auf Grund historischer Untersuchungen, die darlegen zu können glaubten, daß das jüdische Element nicht erst seit den Zeiten der Unterdrückung und Verfolgung, sondern von Anfang an gefährlich gewesen sei, und auch durch die in der Zeit der Befreiungskriege starke Belebung und Betonung des Begriffes der Nation, in die die Juden nach der Meinung ihrer Gegner nicht hineingehörten, ja, auch gar nicht hineingehören wollten.

Am krassesten vertrat der Direktor des Oberkonsistoriums Peucer die Überzeugung, daß sich die Juden ohne allen Gemeinsinn stets als Fremdlinge fühlen würden. *Von ihrem Schachergeist, von ihrer Sucht zu betrügen, von ihrer Arbeitsscheu* wollte er sie durch staatliche Kontrolle ihrer Erziehung, durch den Besuch christlicher Schulen sowie durch Militärdienst abbringen. Da auch die übrigen Behörden und der Landtag der Ansicht waren, daß den Juden nicht die volle Gleichberechtigung gegeben werden dürfe, wurde der Entwurf für eine neue Judenordnung, der dem Landtag 1823 vorgelegt wurde, notgedrungen ein teils aus Begünstigungen, teils aus Einschränkungen bestehender Zwitter. Obwohl bei den Beratungen des Entwurfs sowohl im Ministerium als auch im Landtag Stimmen laut wurden, daß man in der Beschränkung der Rechte für die Juden zu weit gegangen sei, unterschied sich die am 20. Juni 1823 im Regierungsblatt veröffentlichte Judenordnung nicht wesentlich von dem Entwurf. Einleitend hieß es darin: *Um die Rechte der Juden in Unserem Großherzogtum fester zu bestimmen, um ihnen mehr Ordnung in ihren Gemeindeangelegenheiten zu sichern, um hierdurch sowie insonderheit durch eine geeignete und hinlängliche Aufsicht über Religionsübung und Schulen auf die Verbesserung ihrer Verhältnisse in der Mitte Unserer übrigen Untertanen hinzuwirken, zugleich aber auch mit noch gebotener Rücksicht auf ihren dermaligen Zustand und die daraus sich ergebenden Folgen, setzen, wollen und verordnen Wir, unter Beirat und mit Zustimmung Unserer getreuen Landstände ...*

Aus den 34 Paragraphen dieser Judenordnung sind als für die Juden positiv vor allem folgende Bestimmungen hervorzuheben: Freie Ausübung ihrer Religion und ihrer gottesdienstlichen Gebräuche; Aufhebung des Judenleibzolls. Das Schutzgeld[1] soll zwar fortbestehen, darf aber nirgends erhöht oder neu eingeführt werden; Zutritt zu den Gymnasien und der Landesuniversität mit dem gleichen Anspruch auf Unterstützung und Stipendien wie für die Christen; Eheerlaubnis zwischen Christen und Juden unter der Bedingung, daß die Kinder christlich erzogen werden, was vor Gericht zu Protokoll zu geben ist; Erlaubnis, außer Bierbrauerei, Bäckerei, Metzgerei sowie Schank- und Gastwirtschaft, jede Art von Gewerbe zu treiben. Fabriken und Manufakturen anzulegen und Handwerke zu erlernen; Handel im Großen und Haltung eines offenen Ladens ist nur von den allgemein gültigen Bedingungen und davon abhängig, daß der Jude, der sich als Kaufmann etablieren will, ein Handelsbuch in deutscher Sprache ordnungsmäßig führen kann. Handel auf Jahrmärkten und Hausierhandel unterliegen nur den Statuten und Privilegien derjenigen Orte, wo sie getrieben werden; Erwerb oder Pacht von Grundstücken und Feldäckern wird erlaubt.

Speziell auf die Städte Weimar und Eisenach zugeschnitten ist der § 27: Bloß nach den sonst in dem Großherzogtum bestehenden, für Christen gleich verbindlichen Rechten sind ohne Ausnahme die Geschäfte derjenigen jüdischen Kauf- und Handelsleute zu beurteilen, welche in den Städten Weimar und Eisenach größere Handels- und Wechselgeschäfte treiben oder daselbst einen offenen Laden halten.

Von einigen anderen Vorschriften dieser Judenordnung, teils organisatorischen, teils einschränkenden Inhalts, sind noch folgende zu nennen: Die Juden und Judengemeinschaften erhalten einen Landrabbiner mit einem Adjunkten.[5] Sein Amt umfaßt die kirchlichen und liturgischen Verrichtungen sowie die nächste Aufsicht über die jüdischen Schulen, Synagogen, milden Stiftungen und Armenanstalten. Die ältere Einrichtung, nach der Geburten, Heiraten und Todesfälle der Juden in die allgemeinen Register einzutragen sind, bleibt bestehen, doch führt auch der Rabbiner die Geburts-, Heirats- und Sterbelisten. Trauungen darf der Rabbiner ohne vorherige Anzeige bei der Obrigkeit und ohne deren Erlaubnis nicht vornehmen. Rabbiner und Adjunkt sollen von der Landesdirektion als Staatsuntertanen und öffentliche Beamte verpflichtet werden. Sein Gehalt bezieht der Rabbiner nach der Bestimmung der Landesdirektion. Es ist von Juden und Judengemeinden aufzubringen, die bei der Besetzung der Stelle Vorschlagerecht haben. Er hat sich einer Prüfung zu unterziehen, bei Nichtbestehen fällt Wahl und Ernennung der Landesdirektion zu, unter Beirat des Eisenacher Oberkonsistoriums. Der Rabbiner übt keine Gerichtsbarkeit aus, er kann nur Schiedsmann, nicht Schiedsrichter sein.

Der jüdische Gottesdienst darf nur in deutscher Sprache gehalten werden. Die Religions-, Gesang- und Schulbücher bedürfen der Prüfung und Billigung durch das Oberkonsistorium. Wo keine jüdischen Schulen bestehen, sind die Juden an die öffentlichen Ortsschulen verwiesen, den Religionsunterricht ausgenommen. Alle jüdischen Lehrer, auch die Privatlehrer, haben sich einer Prüfung durch das Oberkonsistorium zu unterziehen. *In solchen Schulen, die von Christen- und Judenkindern besucht werden, ist von Seiten der Lehrer und Vor-*

gesetzten streng darauf zu achten, daß von beiden Seiten die Äußerungen liebloser Gesinnung unterbleiben.

Kein Jude darf an den christlichen Sonn- und Feiertagen Handel treiben, in offenen Läden aber nur so lange und so weit nicht, als solcher auch den christlichen Kaufleuten untersagt ist.

Heiratserlaubnis darf nur für einen der handeltreibenden Söhne gegeben werden, für die übrigen nur dann, wenn sie durch Ausübung eines anderen Gewerbes imstande sind, eine Familie zu ernähren.

Die Gesetze über Wucher und wucherliche Geschäfte bleiben bestehen, gegen vorkommende Übertretungen wird mit aller Strenge eingeschritten.

Zum Schluß sei noch eine wichtige Vorschrift genannt: Alle im Großherzogtum wohnenden Juden haben, wo es noch nicht geschehen ist, Familiennamen anzunehmen und sich binnen acht Wochen nach der Bekanntmachung dieses Gesetzes bei der Landesdirektion in die Judenmatrikel[6] eintragen zu lassen.[7]

Der Landesherr Carl August schließt die Veröffentlichung der Judenordnung mit folgenden Worten: ... *daß Unsere sämtlichen Untertanen den Hauptzweck dieses Gesetzes richtig auffassen ... daß Unsere christlichen Untertanen sich hierbei den Vorschriften ihrer zur Duldung und Liebe auffordernden Religion erinnern, daß unsere den jüdischen Glauben bekennenden Untertanen selbst ... durch strenge Gesetzlichkeit und Rechtlichkeit ... Unsere fernere Gnade verdienen, haben wir das gegenwärtige Gesetz eigenhändig vollzogen ...*[8]

Zehn Jahre später, am 6. Mai 1833, wurde ein von Großherzog Carl Friedrich unterzeichneter Nachtrag zu der Judenordnung seines Vaters veröffentlicht[9], der sich auf die Bestimmungen über den Erwerb von Grundstücken durch Juden und auf die Vorschriften über die Rechtsgeschäfte zwischen Christen und Juden bezog, die als nicht mehr zweckmäßig modifiziert wurden. Alle übrigen Paragraphen von 1823 blieben unverändert in Kraft, bis auf eine am 7. Mai 1833 veröffentlichte Bestimmung über die Judengottesdienst-Ordnung, entworfen auf Grund eines Gutachtens des Landrabbiners und anderer israelitischer Gesetzeskundigen, *in der landesväterlichen Absicht, auf die Verbesserung der Verhältnisse Unserer israelitischen Untertanen namentlich auch durch geeignete Aufsicht über ihre Religionsübung hinzuwirken.*

Anscheinend war die Vorschrift von 1823, daß der jüdische Gottesdienst in deutscher Sprache gehalten werden müsse, auf Widerstand gestoßen, zum mindesten nicht einheitlich durchgeführt worden. Das sollte jetzt erreicht werden, aber bis auf weiteres mit Ausnahmen, wie für diejenigen älteren Juden, die, des Deutschlesens unkundig, ein Gebetbuch in hebräischer Sprache mit nebenstehender deutscher Übersetzung sollen benutzen dürfen. Ebenso sollen im Gottesdienst die Thora-Abschnitte[10] hebräisch vorgelesen werden, aber mit sofort folgender deutscher Übersetzung, wie auch bei den Segensspruchformeln, beim Herausnehmen der Thora und ihrem Wiedereinbringen in die heilige Lade, beim Segen des Priesters sowie beim Schofarblasen[11] nun das Hebräische wieder erlaubt wurde. Die Gebete sind indessen nur in deutscher Sprache und nicht in dem bisher üblichen singenden Ton vorzutragen, das laute Nachsprechen, das Schaukeln und Murmeln ist untersagt. Predigten und Katechisationen des Landrabbiners und das Ablesen religiöser Vorträge durch seine Vertreter haben ebenfalls in deutscher Sprache zu erfolgen. In Eisenach und Weimar hat der Landrabbiner einmal jährlich selbst den öffentlichen Gottesdienst zu halten. Das dem Gesetz beigegebene Formular mit dem Gebet für den Landesherrn und seine Familie ist an jedem Sabbat nach Verlesung der Thora-Abschnitte vom Vorbeter mit der Thora im Arm vorzulesen, mit dem Amen der Gemeinde nach jedem Hauptabschnitt.

Jedes die Feier störende Herumgehen in der Synagoge, wie zum Thora-Küssen, hat zu unterbleiben. Frühgebete dürfen nicht vor der Morgendämmerung stattfinden. Für schickliche Kleidung ist zur Vermeidung von Anstoß zu sorgen. Kinder unter fünf Jahren dürfen nicht, Kinder von fünf Jahren an bis zum feierlichen Ablegen des Religionsbekenntnisses nur in Begleitung der Eltern oder anderer Aufsichtspersonen in die

Synagoge mitgebracht werden. Die Frauenabteilung bleibt bestehen, der bisherige Ausschluß unverheirateter Frauen wird aber aufgehoben. Das Zusammenkommen von Personen aus verschiedenen Wohnungen zu Privatandachten wird strikt verboten.

In den noch folgenden Paragraphen geht es um Bestimmungen für die jüdischen Feste und Trauertage, Einsegnungen und Prüfungen der Kinder, ferner für die Leichenbestattungen: keine Predigt, nur Vortrag der Gebete durch den Vorbeter. Überall wird deutlich, daß alles vermieden werden soll, was nach außen Spott oder Ärgernis verursachen könnte. Aber es ist auch zu spüren, daß man den jüdischen Mitbürger nicht vor den Kopf stoßen möchte, auch ihm Zeit lassen will, sich an die neuen Verordnungen zu gewöhnen, was unter anderem daraus hervorgeht, daß durch höchstes Reskript vom 8. November 1833 die Bestimmung zur Anwendung der deutschen Sprache bis zum 1. Juni 1834 ausgesetzt wird.

Weimars jüdische Familien seit 1770

Jacob Elkan (1742–1805)

Wir haben mit diesem Überblick über die Lage der Juden im allgemeinen und speziell in Sachsen-Weimar-Eisenach zeitlich weit vorgegriffen und werden beim Verfolgen der Lebensschicksale der wichtigsten Weimarer Judenfamilien des öfteren feststellen können, daß nicht alle gesetzlichen Neuerungen auf sie anwendbar waren, da sie von Anfang an keine geschlossene jüdische Gemeinde gebildet haben, offenbar sie nicht bilden wollten. In den fünfunddreißig Jahren, die Jacob Elkan in Weimar lebte, gab es dort noch keine gesetzlichen Vorschriften für die Juden, er stand allein unter dem Schutz des Hofes und war sich dessen dankbar bewußt.

Zunächst aber: wer war dieser Jude, woher kam er? Die Nachrichten darüber sind spärlich. Aus der Trauurkunde der Weimarer Stadtkirche vom 24. August 1783 ist zu entnehmen, daß sein Schwager Jacob Löser, zweiter Sohn des Schutzjuden Löser Seligmann aus Walldorf bei Meinungen, mit *Jungfer Sara Elkanin, Herrn Elkan, auch Schutzjuden zu Schwanfeld jüngste Tochter allhier von ihrem Geistlichen copulieret worden.* Schwanfeld, ein kleiner Ort im Fränkischen zwischen Schweinfurt und Kitzingen, dürfen wir deshalb wohl auch als Jacob Elkans Heimat ansehen. Ob er unmittelbar von dort nach Weimar gekommen ist und aus welcherlei Gründen Herzogin Anna Amalia gerade ihn zu sich berief, läßt sich nicht feststellen.[12] Sein Geburtsjahr ist aus seiner Sterbeurkunde im Totenbuch der Weimarer Stadtkirche als 1742 zu errechnen.[13] Verheiratet war er mit Simcha Popper, geboren 1748 oder 1749. Der Name Popper kam im 18. und 19. Jahrhundert des öfteren im Herzogtum Sachsen-Meiningen-Hildburghausen vor, wo es in Stadt und Land allenthalben jüdische Gemeinden gab. Der nachweislich älteste Sohn Jacob und Simcha Elkans starb 1788 in Weimar,[14] sein Alter ist nicht in das Weimarer Totenbuch eingetragen. Des zweiten Sohnes Meyer Geburtsjahr läßt sich dagegen aus seiner Todesurkunde als 1773 errechnen. Man darf darum für den ältesten Sohn wohl das Geburtsjahr 1771 vermuten, was dafür sprechen könnte, daß die Eltern nach der Ernennung Jacob Elkans zum Hofjuden oder kurz vorher geheiratet haben.

Aus ihrer Ehe ging eine große Zahl Kinder hervor. Da keins von ihnen in die Weimarer Taufbücher eingetragen ist, mußten die Totenregister und die Judenmatrikeln zur Ermittlung herangezogen werden. Außer dem schon genannten ältesten Kinde Jacob starben noch drei weitere als kleine Kinder: 1775 ein Töchterlein Esther, 1788 der dreijährige Hirsch und 1790 nochmals ein Söhnlein.[15] Von den drei herangewachsenen Söhnen Meyer, Israel Julius und Alexander, die später in Weimars Geschäftsleben eine bedeutende Rolle spielten, wird später zu sprechen sein. Die beiden letzten Kinder Jacob und Simcha Elkans waren Mädchen: Emilie (1794–1813) und Nanni (geboren 1799), die 1828 Marx Geisenheimer in Düsseldorf heiratete. Alexander Elkan nennt in der von ihm geführten Matrikel noch seine drei Schwestern Jette (Henriette), verheiratete Callmann in Rudolstadt, Jandel an M. Romberg in Meiningen und Zerline an J. May in Mannheim verheiratet, wobei er Jandel und Zerline verwechselt hat. Zerline heiratete nach Meiningen. Aus seinen Verkaufsanzeigen in den Weimarischen Wöchentlichen Nachrichten geht hervor, daß Jacob Elkan zunächst am Bornberg gewohnt hat, worunter die Häuser der jetzigen Kaufstraße

Portal am Wohnhaus von Jacob Elkan
mit den Initialen J E im Schlußstein

über der heute noch Bornberg genannten, abwärts führenden Gasse zu verstehen sind. Im Jahre 1777 erwarb er für 1200 Reichstaler[16] ein Haus in der Kleinen Windischengasse, heute Windischenstraße 25,[17] einen schlichten, dreigeschossigen Bau mit Mansardendach und einem schönen Sandsteinportal, unter dessen geschwungenem Giebel ein ovales Fenster von geknoteten Tüchern flankiert wird, die in der Mitte eine Kartusche mit den ligierten Buchstaben JE, den Initialen Jacob Elkans, halten. Dieses Portal, von den Vorübergehenden in der engen Gasse meist übersehen, ist unverändert erhalten und steht jetzt unter Denkmalschutz. Leider ist die Front des Hauses stark beeinträchtigt durch die beiden großen eingebauten Schaufenster rechts vom Eingang.

Elkan konnte dieses aus dem Anfang des 18. Jahrhunderts stammende, von dem Fürstlichen Hofjäger und Bauunternehmer Anton Georg Hauptmann neuerbaute Haus mit Hof, Seitengebäude und einem „Fleck Garten" nur mit Hilfe des Lehnsträgers, des Fürstlichen Rates

Das Wohnhaus von JACOB ELKAN (1742–1805) mit der Synagoge – heute Windischenstraße 25 (Blumenladen)

Johann August Ludecus, bekommen, da er als Jude das Bürgerrecht nicht besaß und nur Bürger Grundbesitz haben durften.

Trotz seiner großen Familie bot Elkan am 8. Januar 1785 durch Zeitungsanzeige im ersten Stock seines Hauses *ein Quartier von 3 Stuben und einer Kammer, wovon 2 Stuben tapeziert sind, nebst Holz-Remise und anderer Bequemlichkeit* zur Miete an. 1802 zog Hofadvokat Lübeck als Mieter ein.

Sein Verkaufslokal, sein Gewölbe, befand sich in seinem Hause. Auch auf dem Markt hatte er einen Stand. Vor dem Frühjahrsmarkt 1804 teilte er in der Zeitung mit, daß er in den Pfingstfeiertagen keine Boutique auf dem Markt haben werde und sein Gewölbe geschlossen bleibe.

Natürlich stellt sich die Frage, womit Jacob Elkan gehandelt hat. Da er ja in erster Linie den Hof zu beliefern hatte, lag es nahe, die Schatullrechnungen der jungen Herzogin, soweit vorhanden, durchzusehen.[18] Darin wird deutlich, daß es vorwiegend Stoffe waren, die Anna Amalia kaufte: vor allem feine französische, teils mit heute ungebräuchlichen, noch dazu vom Schreiber oft falsch geschriebenen Namen; aber auch Leinwand und Barchent; ab und zu Handschuhe, Schnupftücher, Knöpfe; immer wieder goldene, nach Lot berechnete Tresse; einmal auch ein Paar silberne Leuchter für ein Geschenk der Herzogin an den Fürstlichen Bauinspektor Bucklitsch. Erstaunlich ist die Höhe der Summe, die die Herzogin für diese Waren ausgegeben hat. So erhielt Elkan von ihr in den drei letzten Vierteljahren 1774 insgesamt 1 484 Reichstaler 33 Groschen, für die gleiche Zeit des Rechnungsjahres 1775 = 647 Reichstaler 52 Groschen 6 Pfennige, während für 1776, als Carl August, der 1775 mündig geworden war, die Regierung in Händen hatte, nur 25 Reichstaler verbucht sind.[16]

In Carl Augusts Schatullrechnungen hat Jacob Elkan am 19. März 1778 über zwei *altmodische reiche Mannskleider* für das Theater mit je 26 Reichstalern quittiert. In seinem ersten Regierungsjahr hatte er Elkan durch die Fürstliche Kammer einen großen Auftrag gegeben, nämlich das Tuch und die Tressen für eine neue Staatsuniform der Fürstlichen Jägerei zu liefern, wofür Elkan 455 Reichstaler 7 Groschen 6 Pfennige berechnete. Aus seinem Brief vom 7. Januar 1776 an den Herzog[19] geht hervor, daß er sich verpflichten mußte, die Zahlung nach und nach, terminlich mit fünf Reichstalern anzunehmen. Er gesteht, dies sei ein übereilter Schritt gewesen. Denn ein beträchtlicher Teil seiner Ware sei durch diese Lieferung auf einmal aus seiner Handlung gegangen, und da er sein Geld in einzelnen Raten erhalte, deren Tilgung sich sehr weit hinausziehe, könne er es nicht vorteilhafter anlegen, wodurch er nicht geringen Schaden erleide. Er bitte daher, daß ihm seine Forderung von der Hochfürstlichen Kammer *gegen gewöhnliche Interessen* jetzt vorgeschossen werde, damit er das Geld, besonders bei der bevorstehenden Neujahrsmesse, wiederum anlegen und in seiner Handlung verwenden könne. Die Kammer, der der Herzog den Auftrag für einen gutachtlichen Bericht gibt, beruft sich auf die schlechte Lage der Kammerkasse und bittet den Herzog, Elkan den erbetenen Vorschuß nicht zu geben, vielmehr ihn gänzlich ab- und zur Ruhe zu verweisen, umso mehr, als er *bei Eingehung des Lieferungs-Kontraktes alle Umstände im Voraus zu sehen imstande war.* Der junge Herzog fügte sich und wies Elkans Bitte ab.

Dieser war natürlich nicht nur auf den Handel mit dem Hof angewiesen, sondern verkaufte seine Waren auch den Bürgern der Stadt. Die Weimarischen Anzeigen enthalten seine Angebote zum erstenmal am 17. Oktober 1770 vor allem für die großen Maskenbälle der Winterszeit: Wachslarven, Masken, Tabarros (= Dominos) und Handschuhe, auch goldene Lahntressen[20] und alte goldene Spitzen sowie *Cattune von echten Farben.*

Bei Goethe finden sich auch einige Anhaltspunkte für Elkans Handelstätigkeit. In den Schlußzeilen der ersten Strophe seines Gedichtes „Auf Miedings Tod" aus dem Jahre 1782 heißt es in der Ausgabe letzter Hand der Weimarer Goethe-Ausgabe[21] bei der Schilderung der Vorbereitungen auf eine festliche Veranstaltung im Theater: *Der tätige Elkan läuft mit manchem Rest. Und diese Gährung deutet auf ein Fest.* Der vor diesen Versen genannte Thiele war Theaterschneider, für ihn schaffte Jacob Elkan also Stoffreste für Kostüme und Bühnenausstattung herbei.

Ursprünglich hieß es in Goethes Gedicht nicht *der tätige Elkan* sondern *der Jude Elkan,* was die Weimarer Ausgabe in den „Lesarten" mit dem Zusatz vermerkt: *Die Änderung aus Rücksicht auf das Bankhaus Elkan in Weimar,* also auf das Geldinstitut von Jacob Elkans Sohn Israel Julius.[22]

Im Februar 1783 berichtete Goethe in einem Brief an Herrn von Fritsch[23] diesem von der Anwesenheit und Abreise der Madame Darseincourt, einer Geliebten von Herzog Carl Augusts Bruder Constantin, der aus Eisenach brieflich um ihre ehrenvolle Aufnahme in Weimar gebeten hatte, die man ihr aber verweigerte, so daß sie nach Jena weiterreiste. Goethe fügte hinzu: *Die Geschichte ist besonders durch Gambü und den Colporteur Elckan wie Beylage ausweist schon auf der breiten Straße ins Publikum.*[24] Ob Goethe die Bezeichnung „Colporteur" in der ursprünglichen Bedeutung „Hausierer" oder übertragen als „Verbreiter von Neuigkeiten" gebraucht hat, bleibe dahingestellt. Beides ist denkbar.

Daß Goethe den Juden gegenüber ganz Zeitgenosse, also nicht immer ohne Vorurteile war, zeigt sein Brief an Christiane Vulpius vom 3. Januar 1797 aus Dessau.[25] Hatte er ihr am 1. Januar aus Leipzig mitgeteilt: *Ich erwarte eben den Juden Elkan, der mir Ketten bringen wird und überhaupt sehr geschäftig ist,* so schreibt er ihr zwei Tage später: *Der Jude hat mir, als ein wahrer Jude, abscheuliche alte Ketten gebracht, und ich will, wenn ich wieder nach Leipzig komme, selbst zu Rost gehen, denn wenn ich auch etwas mehr zahlen muß, so habe ich doch dafür auch gewiß etwas Gutes, das Dir Freude macht.*

In diesem Zusammenhang ist auch Goethes Gespräch mit Kanzler von Müller am 23. September 1823 zu erwähnen, in dem es sich um die neue Judenordnung von 1823 handelte, die den Juden mehr Freiheiten einräumte und auch Heiraten zwischen Christen und Juden erlaubte, was Goethes leidenschaftlichen Zorn erregte. *Wollen wir denn überall im Absurden vorausgehen, alles Fratzenhafte zuerst probieren?*[26] Aber gerade in dieser Zeit und bis in seine letzten Lebensjahre hat Goethe den größten Teil seiner Geldgeschäfte durch das Bankhaus Julius Elkan vollziehen lassen, wofür es im Goethe-und-Schiller-Archiv genügend Belege gibt. So sind von 1827 bis Ende Dezember 1831 eine ganze Reihe von Briefen Goethes an Jacob Elkans Sohn Israel Julius Elkan („J. J." oder auch „Julius J. Elkan") erhalten, in denen der Bankier höflichst ersucht wird, eine bestimmte Summe gegen baldige Wiedererstattung an Personen oder Firmen (Künstler, Kunsthändler, Buchhändler und Auktionatoren) zu überweisen, aber auch Briefe an solche Personen oder andere Adressaten, in denen seine Geschäfte mit dem Bankhaus Elkan erwähnt werden. Es geht meist um Anschaffungen für seine Sammlungen: Pasten und Abdrücke, Münzen und Medaillen, Majoliken und Mineralien, florentinischen Marmor, Kupferstiche, Radierungen und Zeichnungen sowie um Bücher.

Aus Goethes Tagebuchaufzeichnungen geht aber auch mehrmals hervor, daß Julius Elkan ihn selber aufsuchte, um ihm etwas für seine Sammlungen anzubieten, so im Jahre 1811 klingende Uhren und Dosen, 1825 griechische Silbermünzen, von Goethe als wohlerhalten und von trefflichem Gepräge gelobt.[27]

Kehren wir nach diesem Exkurs zu Jacob Elkan zurück! Daß er sich in seiner Eigenschaft als Hofjude auch mit den Münzangelegenheiten des Landes befaßte, geht aus den weitläufigen Akten des Eisenacher Archivs im Thüringer Hauptstaatsarchiv Weimar über Münzsachen hervor, in denen er, sein Schwager Jacob Löser und der ebenfalls in Weimar ansässig gewordene Gabriel Ulmann als Silberlieferanten für die herzogliche Münze in Eisenach auftreten.

Auf die äußerst wechselvollen, sich durch Jahrhunderte hinziehenden Schicksale der Eisenacher Münze kann hier nicht eingegangen werden.[28] Seitdem Herzogin Anna Amalia in der Zeit ihrer Obervormundschaftsregierung das Münzwesen des Herzogtums neu geordnet hatte, kam es unter Carl August insofern in kontinuierlichere Bahnen, als dieser im Frühjahr 1789 den Ilmenauer Medailleur Joh. Leonhard Stockmar als neuen Münzmeister nach Eisenach berief, der freilich noch ein ganzes Jahr mit Reparaturen an Gebäuden und Maschinen zu tun hatte. Aber auch danach konnte die Münze nicht regelmäßig arbeiten, da im Herzogtum ein großer Mangel an Silber bestand, das zur Prägung der Silbersechser[29] nötig war. So sah man sich gezwungen, Silber, wo immer möglich, in kleinen Posten aufzukaufen, bis man – und das dauerte mindestens ein Jahr – die für eine Ausmünzung benötigte Menge von ungefähr 1 000 Mark fein beisammenhatte.[30] Bis man wieder das für die nächste Ausprägung nötige Silber zusammenbekam, fertigte man Kupfergeld an oder legte die Münze still. Da ein Abbau von Silber aus Bergwerken im Herzogtum nicht ins Gewicht fiel, war man in der Hauptsache auf Bruch-, Brand- oder Fadensilber angewiesen.[31] Händler brachten dieses aus Privathand oder aus Auktionen zusammen. Sie verkauften es aber auch gern ins Ausland, und es wurde von Gold- und Silberarbeitern des Landes begehrt und gebraucht. Am 1. August 1791 erließ der Herzog daher durch eine Zirkularverordnung das strikte Verbot des Verkaufs *alles Bruch- und andern zum Gebrauch nicht mehr dienenden Silbers, alter Tressen und dergleichen in das Ausland, in dem hiesigen Fürstenthum und in der Jenaischen Landesportion bey 20 Rthlr. Strafe.* Ferner gab er bekannt, daß der Weimarer Gold- und Silberarbeiter Graf sich zum Einkauf alten Silbers für die Eisenacher Münze bereiterklärt habe.

Hier traten nun Jacob Elkan, der 1790 von Carl August zum Hoffaktor ernannt worden war, Jacob Löser und Gabriel Ulmann in Erscheinung. Am 9. August 1791 richteten sie ein auf diese Verordnung bezogenes Gesuch an den Herzog, in dem sie ihm die Schwierigkeiten darlegten, in die sie dadurch zu kommen drohten, und baten darum, sie vom Einkauf des Bruch- und Brandsilbers nicht auszuschließen.[32]

Dieses Gesuch wurde an die Eisenacher Kammer und von dieser an den Münzmeister Stockmar zur Begutachtung und Berichterstattung weitergegeben. Stockmar äußerte eine Reihe von Bedenken in Bezug auf Handelsgeist und Zuverlässigkeit der Juden, die aber die Kammer nicht gelten ließ, vielmehr dem Münzmeister auftrug, ihr die Annahme des Gesuches mitzuteilen, *wobey er von selbigen zu vernehmen hat, ob sie sich auf gewiße starke Quantitäten von Silberlieferungen von Zeit zu Zeit einzulassen gedenken, auf welchen Fall mit ihnen ein ordentlicher Contract zu errichten ist.*

Stockmar entwarf daraufhin einen Kontrakt, in dem aber darauf verzichtet wurde, ein bestimmtes Quantum Silber für die Lieferungen der Weimarer Juden festzusetzen. Der Vertrag wurde am 3. Dezember 1791 abgeschlossen, sein Inhalt am 30. Januar 1792 den Unterobrigkeiten mitgeteilt und das Weimarische sowie das Jenaische Wochenblatt angewiesen, ihn zu veröffentlichen.

Kurz zuvor hatte die Eisenacher Kammer dem Herzog gemeldet, daß trotz des Silberausfuhrverbotes ins Ausland und des mit den Schutzjuden abgeschlossenen Vertrags die zur Ausprägung erforderliche Silbermenge bei weitem nicht zustande gekommen sei und daß fast fünf Jahre nötig sein dürften, bis die erforderlichen 1000 Mark erreicht würden. Der Herzog verfügte darauf, daß zunächst für 1000 Mark Kupferdreier[33] geprägt werden sollten, damit die Münzarbeiter weiter beschäftigt würden; dann aber solle das vorrätige Silber ausgeprägt werden.

In den folgenden Jahren – die Akte „Münzsachen 103" des Eisenacher Archivs macht es deutlich – hat es immer wieder Klagen des Münzmeisters über zu geringe Silberlieferungen und sowohl Erklärungen als auch Berichtigungen und Rechtfertigungen der kontraktpflichtigen Juden gegeben, die wir lediglich zur Kenntnis nehmen können. Wir sind nicht in der Lage, berechtigte Anschuldigungen von zweifellos vorhandenen Vorurteilen auf Seiten Stockmars gegenüber den Juden exakt zu unterscheiden oder auf der anderen

Seite zu erkennen, wie weit die Lage auf dem Silbermarkt von den Juden für den eigenen Vorteil ausgenutzt wurde. Obwohl zur Beseitigung der Unklarheiten und Mißhelligkeiten nichts unterlassen wurde – Elkan, Löser und Ulmann wurden veranlaßt, sich schriftlich zu äußern, wurden aber auch einzeln in Weimar zur Vernehmung vorgeladen –, kam man im Grunde zu keinem anderen Entschluß, als 1798 zwischen Ulmann und Stockmar einen Lieferungsvertrag aufzusetzen, gegen den aber Ulmann wiederum Einwände erhob. Vom 13. Dezember des Jahres liegt aber auch ein langes Schreiben Jacob Elkans an Herzog Carl August vor, in dem er Vorschläge für eine kontinuierliche Ausmünzung einer starken Quantität von Silberscheidemünzen (Sechsern) machte, für die er das Silber von einem seiner Freunde beziehen könnte. Der Herzog beauftragte die Eisenacher Kammer, sich zur Prüfung der Angelegenheit mit Kammerrat Eichel in Eisenach zu besprechen und dann einen gutachtlichen Bericht nach Weimar zu senden, der dann auch ausführlich und allseitig begründet gegeben wird und zur Ablehnung des Elkanschen Projektes führt. Darauf werden am 6. Februar 1799 Elkan, Löser und Ulmann von Carl Kirmß im Namen des Geheimen Konsiliums einzeln befragt, wieviel Silber jeder zur Aufmünzung jährlich nach Eisenach zu schicken willig sei, worauf Ulmann 50 Mark Silber fein[30] liefern will, wofern dem Jenaer Goldschmied Kalizsch untersagt werde, das Silber in Jena aufzukaufen. Hoffaktor Elkan macht sich verbindlich, jährlich 200 Mark fein zu liefern, wofern ihm der Silbertausch und -aufkauf in Jena erlaubt werde. Löser verspricht unter der gleichen Voraussetzung jährlich 20 Mark Silber.

Hier werden Elkan und Löser zum letztenmal in den Akten „Eisenacher Münzsachen“ genannt. Von Ulmann und Sohn liegt noch eine Mitteilung an Kammersekretär Wittich in Eisenach vom 9. Januar 1812 vor, daß er zwei Fässer mit österreichischen Kupfermünzen auf Rechnung der Kammer an ihn geschickt habe.

Einblicke ganz anderer Art in das Leben dieser ältesten Weimarer Juden und speziell Jacob Elkans ermöglicht ein langes Bittschreiben Elkans und Lösers vom 1. Mai 1793 an Herzog Carl August[34] und eine darin enthaltene Anlage vom 13. Februar 1789, die die Kopie eines Vertrages *zwischen Endes unterschriebenen dermalen allhier wohnender Judenschaft* enthält, durch den einige Mißverständnisse, *die das wechselseitige Zutrauen und gute Vernehmen gestört und in der kommenden Zeit von den nachtheiligsten Folgen seyn können,* nach reiflicher Überlegung behoben wurden. Es handelte sich um die rechtliche und finanzielle Sicherung dreier Einrichtungen, die Jacob Elkan geschaffen hatte und die nicht nur von ihm, sondern auch von den übrigen Juden und ihren Familien benutzt wurden, nämlich um eine SYNAGOGE, die er in seinem Hause in der Windischengasse eingerichtet hatte, um ein von ihm mit einem Kostenaufwand von 75 Reichstalern erbautes BAD und um einen mit einem Kostenaufwand von 50 Reichstalern von der Landesherrschaft erworbenen, in Stand gesetzten und gepflegten BEGRÄBNISPLATZ.[35]

Aus welchem Anlaß die Synagoge in den Vertrag einbezogen wurde, wird nicht deutlich, da, im Gegensatz zu Bad und Begräbnisplatz, nichts von gemeinsamen Kosten zur Abfindung Elkans gesagt wird. Es heißt da nur: *Die Synagoge soll in der Behausung Herrn Jacob Elkans auf deßen Lebenszeit bleiben, jedoch wird ihm freygestellt, dieselbe in seinem Hauße aufzugeben, sofern er sie nicht mehr behalten will.* Klar wird jedenfalls aus dem Bittschreiben, daß es sich um eine Privatsynagoge handelte.[36]

Daß die Elkansche Synagoge auch von den wenigen anderen in Weimar ansässigen Juden benutzt wurde, geht schon allein daraus hervor, daß sie in dem Vertrag genannt wird. In seinem Bittschreiben erwähnt außerdem Jacob Elkan, daß Gabriel Ulmann seine Thora aus der Synagoge habe abholen lassen, als die beiden Familien miteinander verfeindet waren. Daß Jacob Elkan seine Synagoge jemals wieder aufgegeben hat, ist nicht anzunehmen, da er und die Seinen ihrem Glauben immer treu geblieben sind. Sie wird so lange weiterbestanden haben, wie das Haus in der Windischengasse in Familienbesitz geblieben ist. Wie es später die Söhne in ihren Familien mit dem Ort ihrer Andacht hielten, wissen wir nicht im einzelnen, doch berichtet Ferdinand von Biedenfeld 1841: *Die Israeliten zählen hiermit einige Familien, verrichten ihren Gottesdienst in einer Privatwohnung.*

Das Judenbad befand sich laut Vertrag im Hause eines Herrn Kantz, der jährlich sechs Reichstaler dafür erhielt. Weiter war nichts zu ermitteln. Im Vertrag war festgelegt, daß Elkan es *zum gemeinschaftlichen Gebrauche denen Endes Unterschriebenen und derer Ihrigen* zur Verfügung gestellt hatte, wofür alle Vertragspartner eine prozentual festgelegte Abgabe als Entschädigung für seinen Aufwand zu zahlen hatten. Alle vorkommenden Reparaturen sollten nach Mehrheitsbeschluß vorgenommen, deren Kosten gemeinsam getragen und von dem Informator – dem gemeinsamen Hauslehrer der Kinder – eingesammelt und an die Behörde abgeführt werden. Auch von diesem Bad hören wir später nichts mehr.

Von bleibendem Interesse ist für uns die dritte Einrichtung, um die es sich in dem Vertrag handelte: der Begräbnisplatz, den Elkan *mit einem Aufwand von 50 rt*[16] *von Durchlauchtigster Landesherrschaft acquiriret, in gehörigen Stand setzen lassen und denselben auch zeither in demselben erhalten* habe.[37]

Über das Entstehen dieses Friedhofes sind die amtlichen Unterlagen vorhanden. In den Geheimen Kanzleiakten des Staatsarchivs Weimar befindet sich eine von Kirms[38] gezeichnete Niederschrift vom 30. August 1774.[39] An diesem Tage stellt Jacob Elkan seinen Antrag auf Überlassen eines Begräbnisplatzes. Am 1. Oktober des gleichen Jahres bittet der Kanzleidiener Witzel um Überlassung des Fleckchens an der Webichtallee, das dem Garten des Hofschuhmachers Zeumer gegenüber liegt. Er wolle einen Garten anlegen und ein Stück davon Jacob Elkan als Begräbnisplatz abtreten.[40]

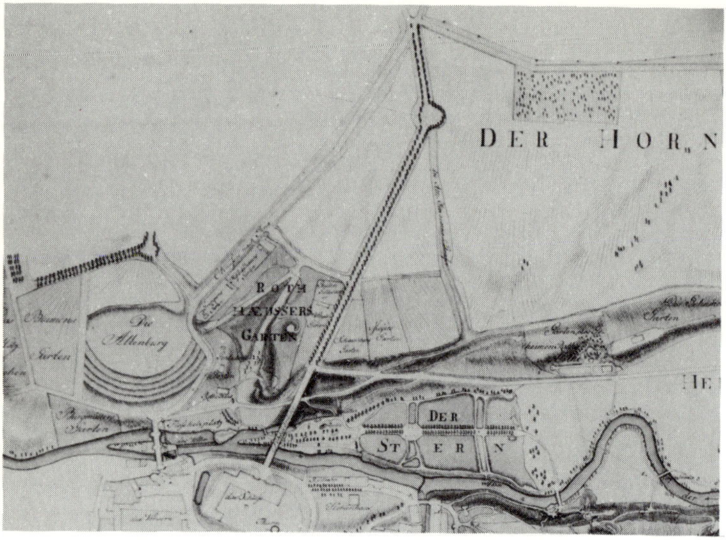

Karte über den herzoglichen Park zu Weimar (Ausschnitt)
Von Johann Valentin Blaufuß, 1799. SWK

In einem Schreiben vom 5. Oktober unterbreitet die Obervormundschaftskammer die Angelegenheit der Herzogin und bittet um Genehmigung der mit beiden Bittstellern getroffenen Vereinbarungen. Das ihr am 12. Oktober präsentierte Schriftstück wird, von ihr unterzeichnet, bereits am 14. Oktober beantwortet mit der Genehmigung sowohl des Witzelschen als auch des Elkanschen Gesuches unter den von der Obervormundschaft vorgeschlagenen Bedingungen.

Es handelte sich um ein Gelände jenseits der Ilm am Rothäuser Berg, das gegenüber der Ostseite des Schlosses steil ansteigend *ganz unbrauchbar und unbebaut* war, ursprünglich mit Reben bepflanzt, aber zur Zeit der beiden Gesuche des Grüns völlig entbehrend. Die Regierung begrüßte das neue Gegenüber als Verschönerung der Aussicht vom Residenzschloß dort hinüber. Wir haben es uns zwischen der Leibnizallee (vormals Wilhelms-, danach Linden- oder Webichtallee) und dem mit Häusern bestandenen Rothäuserbergweg vorzustellen, gegen Osten begrenzt von der Musäusstraße, der ehemals als „Chaussee“ bezeichneten Verbindung zwischen Leibnizallee und Jenaer Straße.

Witzel bekam die Auflage, seinen Garten mit einer lebenden Umfriedung von *Dorn- und anderen Setzlingen* zu umgeben, die er aus dem Ettersburger Forst erhielt. An Elkan gab er das obere Stück seines Gartens ab, für das dieser drei Reichstaler Canonis[41] an die Vormundschaftskasse zu zahlen hatte, das erste Mal um Michaelis[42] 1775. Auch er erhielt die zur Einfassung seines Anteils benötigten Setzlinge.

Bereits im April 1775 wurde dem Hofschieferdeckermeister Reichenbecher die Überlassung des unterhalb des Witzelschen Gartens gelegenen Stücks zur Anlage eines Gartens zu denselben Bedingungen wie für Witzel bewilligt. Auch dieser Garten wurde von einer lebenden Hecke eingefaßt, die wie bei Witzel und Elkan aus unentgeltlich aus dem Ettersberg gelieferten Setzlingen bestand. 1784 verkaufte Reichenbecher den Garten an Kammer-Kalkulator Eckardt zu Jena, der ihn 1797 an Bergrat Kirsten weiterverkaufte.

Im heutigen Stadtbild zeichnet sich von diesen Gärten bis auf den untersten, zur Schloßbrücke führenden so gut wie nichts mehr ab. Sie sind entweder überwachsen und verwildert oder bebaut. Einzig der Elkansche Garten mit seinem Begräbnisplatz ist heute noch vorhanden, freilich seiner ursprünglichen Funktion entfremdet. Von ihm und seiner bis in die Gegenwart reichenden Geschichte wird das letzte Kapitel dieses Berichtes handeln.

Elkans und Lösers Bittschrift vom 1. Mai 1793, die uns mit ihrer Anlage so wichtige Tatsachen wie das Vorhandensein einer Synagoge, eines Judenbads und eines Judenfriedhofs vermittelte, hatte als Anlaß eine höchst unerfreuliche Situation: Elkans und Lösers von der Zanksucht und dem Neid ihrer Glaubensgenossen hervorgerufene traurige Lage und Verlegenheit. Sie endete mit der Bitte an den Herzog um Barmherzigkeit und Hilfe, vor allem um die Bewahrung vor einem Prozeß. Wörtlich heißt es darin: *Gabriel Ulmann allhier, einer von unserm Glauben, suchte schon seit einiger Zeit uns und unsere Familien zu kränken und sich über uns zu erheben. Wir gönnten ihm dieses Spielwerk, trösteten uns untereinander, so gut wir konnten, und der Gedanke und das Bemühen, rechtschaffene, ehrliche Untertanen, gute Väter unserer Familien zu seyn, war noch die einzige Beruhigung, welche uns das ullmannische lieblose Verfahren ertragend machte, bis endlich im vorigen Jahre Ullmanns widrige Gesinnungen gegen uns in vollen Flammen ausbrachen. Er brachte eine Menge Denunciationen bey Fürstl[icher] Regierung allhier gegen uns an, und so verursachte er eine der größten Untersuchungen, die noch nicht beendigt ist ...*

Ulmanns Denunziationen sind der Anlage B zu entnehmen, die das Original einer Niederschrift der Firma Joh. Georg Felix und Sohn in Plauen vom 8. April 1793 enthält, um die Jacob Elkan sie gebeten hatte und für deren Wahrheit sie sich verbürgt. Darin werden die schmählichsten Anschuldigungen Gabriel Ulmanns gegen Elkan berichtet, die er in vergangener Michaelismesse[42] in Leipzig gegenüber der Firma geäußert hat: daß Elkan noch in der Nacht fort müsse, weil er einige Handlungshäuser nicht bezahlt hätte und diese ihm mit Verhaftung gedroht hätten, daß er sich nicht mehr lange halten könne, wenn die Gläubiger ihn zum Bezahlen anhielten, daß die Firma also sehen solle, wie sie von ihm loskomme, wobei er ihr helfen wolle, wenn sie ihm Vollmacht gebe.

Jacob Elkan fährt dann in seinem Bittschreiben fort: ... *Zu der Zeit, wo ich, der Hoffactor Elkan, allein von meiner Religion hier war, hatte ich einen Informator*[43] *für mich. Nachher wie Ullmann auch aufgenommen wurde, hielt er desgleichen einen für sich. Nur in der Folge, als sich mehrere Juden hieher wendeten, hielten wir einen Informator in Gemeinschaft, um uns einen großen Aufwand zu ersparen ... Um uns und den Unsrigen Ruhe zu verschaffen ... ließen wir ... bekannt machen ... daß hinfüro jeder für sich und die seinigen einen Informator und Schächter*[44] *halten würde ...*

Ulmann behauptete nun, daß sie mit ihm in Gemeinschaft bleiben müßten, wobei er sich auf die in der Anlage von 1789 festgelegten Übereinkünfte stützte, daß nämlich kein Informator anders angenommen oder abgedankt werden könnte als durch Stimmenmehrheit und daß, wer ihn in Kost habe, ihm auch Quartier beschaffen müsse.

Elkan und Löser vertraten dagegen den Standpunkt, daß diese Verabredungen sich bloß auf eine Gemeinschaft und nicht auf einen Sozietätsvertrag gründeten, daß mithin niemand zu zwingen sei, in einer ständigen Gemeinschaft zu bleiben, wenn sie nicht mehr unter sich einig sei.

Die Fürstliche Regierung entschied zu Ungunsten Elkans und Lösers und ordnete die Beibehaltung des Informators an, wobei sie sich darauf berief, daß die Abdankung nur durch Stimmenmehrheit erfolgen könne. Diese hatte Ulmann inzwischen herbeigeführt, indem er Isaac Israel auf seine Seite zog.

Die gerichtliche Auflage erhielten Elkan und Löser erst, nachdem sie einen eigenen Informator angenommen und den vorigen entlassen hatten. Müßten sie sich fügen, schreibt Elkan, so würden sie unter großen Kosten zwei Informatoren zu unterhalten haben.[45] Übrigens habe Ulmann selber gegen die Gemeinschaft, auf die er poche, gehandelt, *da er seine Thora, von uns abholen laßen.* Um die hohen Kosten und die Aufregungen, die ein Prozeß mit sich bringen müßte, zu vermeiden, bitten Elkan und Löser den Herzog, die Akten einsehen zu wollen *und uns aus landesväterlicher Macht und Milde gnädigst zu gestatten, daß wir ohne prozessuale Weiterungen ... einen Informator und Schächter für uns halten dürfen, wir auch nicht gezwungen werden, den alten Informator Hirsch, zu welchem wir nicht das geringste Vertrauen haben, beyzubehalten ... E[urer] Herzogl[ichen] Durchlaucht menschenfreundlichen Toleranz haben wir unsern hiesigen Aufenthalt zu verdanken, und wir hoffen auf Rettung in diesem Stücke.*

Auf dieses Bittschreiben hin begehrt der Herzog einen gutachtlichen Bericht der Regierung innerhalb von vierzehn Tagen. Er erfolgt in großer Ausführlichkeit am 18. Mai 1793 unter Bezug auf die beigelegten Denunziationsakten, aus denen hervorgehe, daß zwischen den beiden hiesigen Schutzjuden Jacob Elkan und Gabriel Ulmann schon seit geraumer Zeit verschiedene Irrungen und Mißhelligkeiten obgewaltet, welche endlich am 26. September vorigen Jahres, selbst an der Juden großen Versöhnungs-Tage sogar in öffentlichen Tätlichkeiten ausgebrochen seien.

Des weiteren legt das Gutachten noch einmal Ursachen und Verlauf des Streites dar und erklärt, daß man Ulmann seinen Beifall nicht versagen könne, wenn dieser sich auf eine Übereinkunft von 1789 berufe, die ein rechtlich bindender Transakt gewesen sei.

Am 28. Mai 1793 trifft der Herzog seine Entscheidung gegenüber der Regierung und zwar zugunsten Elkans. Dabei beruft er sich auf die ursprüngliche Stimmenmehrheit für die Aufsagung des gemeinsamen Informators, die nicht dadurch hinfällig geworden sei, daß Isaac Israel sich später anders besonnen habe. Auch sei er in Bezug auf den Vertrag von 1789 der Überzeugung, daß, *da dergleichen Societaet sich auf ein specielles Vertrauen gründet, die Aufhebung derselben nach entstandener Feindseligkeit den Rechten nach stattfinden dürfe ... daß Elkan und Consorten ihren Gegentheil nicht des Informators selbst beraubt ... sondern nur den Beytrag zu dessen Unterhaltung entzogen habe ... Bey von Uns erwogenen Umständen können Wir uns nicht entschließen ... eine mit Unkosten verbundene weitere Rechtfertigung zuzulassen, sondern begehren ... Ihr wollet den Juden Ulmann und Consorten bedeuten, daß ... sie gegen Elkan eine Entschädigungsklage, wenn sie sich damit fortzukommen getraueten, anstellen müßten ...*

Weiteres ist den Akten nicht zu entnehmen. Daß Ulmann nach dieser Entscheidung des Herzogs, der nach exakter Prüfung der Rechtslage sich mit Einfühlungsvermögen und Großmut auf die Seite der Bittsteller begab, noch eine Klage anstrengte, ist nicht anzunehmen.

Noch einmal hatten die Behörden Veranlassung, sich mit Jacob Elkan eingehend zu befassen und zwar in dessen letztem Lebensjahrzehnt. Die Eisenacher Kammerakten Nummer 364 betreffen *die dem Hof-Factor Jacob Elkan zu Weimar entweder sich selbst oder für einen seiner Söhne mit einem Knechte gnädigst ertheilte Handlungs-Concession in hiesiger Stadt* und umfassen die Jahre 1797 bis 1805.

Aus einem Brief Herzog Carl Augusts vom 13. Januar 1797 an die Kammer zu Eisenach geht hervor, daß es der Wunsch der Kammer war, nach dem Abgang des zweiten Schutzjuden Eisenachs Salomo Israel – der erste war der Schutzjude Rothschild – wieder einen zweiten Handelsmann jüdischer Nation in der Person des Liebmann Benedikt Katz zuzulassen, was grundsätzlich des Herzogs Zustimmung fand. *Da sich aber bei Uns zu dieser Concession der Hof-Factor Jacob Elkan, allhier, gemeldet und Wir solche demselben, bey seinem Uns bekannten guten Benehmen für sich und seine Söhne, auch Knechte gegen den von dem Juden Katz anerbotenen Canon von 50 Rt. zu ertheilen, so begehren Wir ... Ihr wollet hiernach die Gebühr baldigst besorgen und verfügen, auch der dortigen Regierung mit Bezug auf gegenwärtiges Rescript davon Nachricht zu ertheilen.* Das geschah. In ihrer Mitteilung an die Eisenacher Regierung betonte die Kammer indessen, daß *die dem Hoffactor Jacob Elkan zu Weimar für seine Person, Söhne und Knechte gnädigst ertheilte Handels-Concession bey weitem ausgedehnter ist als solche zeither den hiesigen Juden zugestanden ist.* Sie halte es daher für nötig, die Meinung der Regierung hierüber zu erbitten.

Diese, vertreten durch Kanzler Johann Ludwig von Bechtolsheim, konnte nicht umhin, *die dem Juden Elkan und seiner ganzen Familie ertheilte höchste Concession für bedenklich und sogar für besser zu halten, daß überhaupt mit Ertheilung einer neuen Concession an einen Juden noch einige Zeit Anstand genommen werde,* wofür von Bechtolsheim auch die Vorstellungen des Stadtrates und den Bericht der Fürstlichen Polizei-Commission über die Klagen der Eisenacher Ausschnitthändler,

Tuch- und Zeugmacher wegen des häufigen Hausierens fremder Handelsleute und Juden heranzog.

Die Kammer wiederum betonte, *in Rücksicht auf das Publikum, gewünscht zu haben, daß zwey Schutz-Juden, jeder mit einem Knechte, beyzubehalten räthlich seyn möchte ... damit die Ausschnitthändler dem minder bemittelten Stadt- und Landbewohner (denn reichere wissen ihr Waaren-Bedürfnis leicht von Erfurt und Gotha, auch sogar von Frankfurt zu verschreiben) durch den beabsichtigten Alleinhandel kein Zwangsrecht aufbürden können.* Dabei habe die Kammer gegen den von dem hiesigen Hoffactor Rothschild beantragten alleinigen Schutz Bedenken gehabt und sich für das wiederholte Gesuch des Juden Liebmann Benedict Katz verwendet.

Unter dem 2. Februar 1797 wiederholte die Kammer auch dem Herzog gegenüber diese Bedenken. Carl August blieb bei seinem Beschluß. Er verfügt am 9. Februar, *daß gedachten Hof-Factor, Elkan, welchen Wir aus guten Gründen den Vorzug für den Juden, Katz, gegönnt haben, gestattet werden solle, für sich entweder selbst oder durch einen seiner Söhne, mit einem Knecht, oder jüdischen Handelsbedienten, aldorten Handel zu treiben ... Ihr wollet, wegen der in dieser Maße für ihn auszufertigenden Concession, nunmehr sonder einigen Anstand die Gebühr baldigst besorgen und verfügen.*

Darauf teilte die Eisenacher Kammer am 20. Februar 1797 dem Antragsteller die Verfügung des Herzogs mit. Er habe sich bei seiner Ankunft *bey Fürstlicher Cammer zu gehöriger Vormittagsstunde melden zu lassen, um eines Vertrags und weiterer Verfügung gewärtig zu sein.*

Am 3. März 1797 wurde Elkan auf seine Anmeldung hin durch den Kammerpräsidenten von Herda, in Gegenwart des Kammerrates Thon und der Landkammerräte von Todtenwart und Steinbück empfangen und ihm eröffnet, daß ihm oder einem seiner Söhne mit einem Knechte oder jüdischen Handelsbedienten der Handel in Eisenach gegen den gewöhnlichen Canon von 50 Gulden Kammerwährung und nicht gegen 50 Kaisergulden[46] – wie aus Versehen in das erste Reskript vom 13. Januar gesetzt worden sei – gestattet werde. Elkans Frage, ob es nicht mit 50 Kaisergulden gehe und der Handel ihm und seinen Söhnen zugleich gestattet werden könne, wurde abgewiesen, worauf Elkan sich beruhigte und zusagte. Am gleichen Tage wurde ihm ein Freipaß ausgehändigt.[47]

Am 7. März erschien Jacob Elkan nochmals vor der Kammer und beschwerte sich darüber, daß er statt einer Handelskonzession nur einen Freipaß auf ein Jahr erhalten habe und ihn mit vier oder fünf Reichstalern auslösen solle. Demnach müsse er wohl alle Jahre von Neuem einkommen und so viel bezahlen? Die Kammer erklärte ihm, das Wort Concession heiße Erlaubnis, vermöge welcher ihm also der Schutz und die Handelsfreiheit in der hiesigen Stadt und zwar durch Ausstellung eines herkömmlichen Freipasses – es komme in diesem Fall nicht auf die Form an – zugesichert werde. Dieser Freipaß werde ihm, ohne von neuem darum zu bitten, jährlich ausgefertigt. Dafür bezahle er nicht mehr als drei Taler einundzwanzig Groschen. Diesmal habe er aber ein Reichstaler acht Groschen für Berichterstattungen und Protokoll mehr zu entrichten, was aber künftig natürlich wegfalle. Elkan betonte, in Weimar werde für eine Konzession nur einmal bezahlt, er wolle den Paß zwar auslösen, aber deshalb höchsten Orts Vorstellung tun.

Tatsächlich liegt ein Brief Carl Augusts vom 28. Dezember 1798 an die Eisenacher Kammer bei den Akten, in dem er, da Elkans Gesuch kein erhebliches Bedenken im Wege stehe, den von Elkan zu zahlenden Handelscanon auf vierundzwanzig Reichstaler jährlich herabzusetzen befiehlt, so lange, bis von einem seiner Söhne der wesentliche Aufenthalt daselbst genommen werden könne.

Zu einem dauernden Aufenthalt eines der Elkansöhne – dem Alter nach kamen nur Meyer und Israel Julius in Frage – ist es nie gekommen, die Kammerakten erwähnen des öfteren nur vorübergehenden Aufenthalt, wobei es sich um einen Sohn und um den Schwiegersohn August Callmann aus Rudolstadt, der mit Elkans Tochter Jette verheiratet war, handelte. Aber noch im Jahre 1801 hat Jacob Elkan die Übersiedlung eines seiner Söhne in Erwägung gezogen, wie es aus einer Niederschrift der Kammer vom 15. Januar 1801 hervorgeht. An diesem Tage war Jacob Elkan persönlich dort vorstellig geworden, um folgendes vorzubringen: *es wären ihm schon einige Male ... die Auslösungs-Kosten für einen Freypaß ... abgefordert worden. Er halte aber dafür, daß man ihm dieß nicht eher ansinnen könne, bis er hier einen wirklichen Handel treibe. Denn jetzt brauche er keinen dergl[eichen] Paß und gebe den von Serenissimo auf 24 rt. gnädigst verminderten Canon blos um deswillen, damit, wenn einer von seinen Söhnen heute oder morgen sein Gewerbe für sich anfangen wolle, selbiger hier in Eisenach seinen Schutzort finde ... Ueberdieß produciere er hier in Abschrift einen von Serenissimo ihm gnädigst ertheilten immerwährenden Freypaß, nach welchem er von Zoll und Geleit dispensirt ... sey.*[48]

Wie schwierig und zermürbend in damaliger Zeit der Kleinkrieg der Ober- und Unterbehörden mit den Juden war – freilich, das muß gesagt werden, nur ausnahmsweise mit kränkender Herabsetzung –, geht aus diesem zusammengerafften Bericht wohl hervor. In den nächsten Jahren setzte sich das Hin und Her um rückständige Zahlung des Canons mit Mahnungen, Anfragen und Bestätigungen fort. Als gegen Ende des Jahres 1804 festgestellt wurde, daß Jacob Elkan mit zweiundsiebzig Reichstalern seines Handels-Canons rückständig sei, sah man kein anderes Mittel zur Beschaffung des Geldes mehr, als gegen Elkan zu klagen. Am 10. Dezember 1804 wurde ihm von der Eisenacher Kammer eine Frist von vier Wochen gesetzt. Nachdem sie verflossen war, ohne daß Elkan bezahlt oder sich geäußert hätte, erhielt der Hofadvokat Hesse in Weimar über den Eisenacher Hofadvokaten und Kammerprokurator Heumann den Auftrag, den Fall zu übernehmen. Hesse versuchte es zuerst bei dem Schuldner in Güte, aber umsonst, *wie vorauszusehen war.* Darauf reichte er bei der Weimarer Landesregierung die Klage ein. Zum Termin „zu Güte und Rechte“ wurde der 2. Mai 1805 bestimmt. Vergleichsvorschläge lehnte die Eisenacher Kammer ab.

Mit dem Befehl an den Eisenacher Landrentmeister, dem Hofadvokaten Hesse einen Carolin[49] an Unkostenvorschuß durch Heumann zu überweisen, schließt die Akte am 5. April 1805. Zu dem für den 2. Mai 1805 festgesetzten Termin scheint es nicht mehr gekommen zu sein. Vielleicht war Jacob Elkan bereits erkrankt. Er starb am 3. Juni.[50] Das Weimarische Wochenblatt von 1805 brachte am 5. Juni eine Familienanzeige von Jacob Elkans Witwe: *Hiermit mache ich das heute früh erfolgte Ableben meines innigst geliebten Mannes und Vater meiner Kinder unsern hiesigen und auswärtigen Freunden mit tiefgebeugtem Herzen bekannt ...*[51]

Daß Simcha Elkan nach ihres Mannes Tod an Herzog Carl August das Gesuch gerichtet hat, die Handelskonzessionen ihres Mannes auf sie und ihre beiden jüngeren Söhne zu übertragen, ist aus einer späteren Stadtratsakte im Weimarer Stadtarchiv ersichtlich,[52] in der es um eine Beschwerde der Arnstädter Kaufleute aus dem Jahre 1834 über Alexander Elkans dortigen Wollhandel geht. Im Lauf der Verhandlungen beruft sich Elkan auf den seiner Mutter am 29. September 1806 von Herzog Carl August ausgestellten Konzessionsbrief.[53]

Die Erben von Jacob Elkans Haus in der Windischengasse waren seine Witwe und ihre Kinder; Lehnsträger wurde der Bürger und Bäckermeister Stötzer, der dann im Jahre 1810 für die Erben das Bürgerrecht gewann.[54]

In den Berichten über Bittgesuche Elkans ist uns mehrfach begegnet, daß, vor allem dann, wenn sie ins Getriebe der Behörden mit ihrem oft endlosen Hin und Her von einer Dienststelle zur andern geraten waren, die letzte und höchste Instanz der Landesherr Carl August es war, der zugunsten des Bittstellers entschied. Für dessen Dankbarkeit und Anhänglichkeit an das Fürstenhaus, unter dessen Schutz er stand und dem er diente, fand sich ein eindrucksvolles Zeugnis.

Als am 2. Februar 1783 der vom ganzen Lande lange erhoffte Erbprinz Carl Friedrich geboren wurde, war Jacob Elkan unter denen, die wie Goethe, Herder, von

Lyncker und andere dem Hofe ein Glückwunschgedicht überreichten. Von Jacob Elkans Gedicht befindet sich ein gedrucktes Exemplar im Thüringer Hauptstaatsarchiv Weimar, mit Titelblatt und drei Textseiten, die am Anfang und am Schluß mit je einer Vignette verziert sind.[55]

Jacob Elkan spricht in den zwanzig Versen gehobener Prosa, die an die Art der Psalmen erinnert und gewiß an sie erinnern soll, ganz als Glaubensjude, wie denn auch die erste Vignette auf einem aufgerollten Papierblatt links unten auf dem Erdboden den Davidstern zeigt. Im Text begegnet uns der Gottesname als Schaddai, Eloah, Elohim, wir lesen von den Töchtern Zions, von dem Lebensbaum in Edens Mitte, von den Lustgärten Salomons. Und als der Verfasser sich schließlich nach seinen Segenswünschen für die Eltern und das neugeborene Kind auch an Herzogin Anna Amalia wendet, da nennt er sie *die milde Fürstin, welche wohltätig aufnahm Ihren Knecht, den Fremdling im Tor, vor seinen Brüdern, und ihn sicher wohnen ließ in Ihres Palmbaums Schatten.* Ein feinsinniger Dank in der Erinnerung an seine Aufnahme als Hofjude im Jahre 1770.

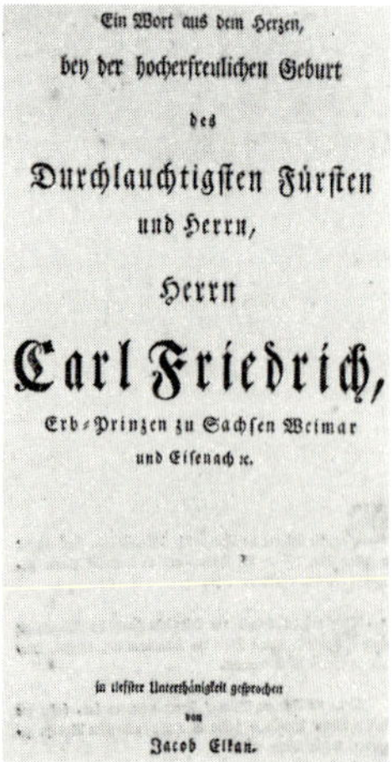
Ein Wort aus dem Herzen,
bey der hocherfreulichen Geburt
des
Durchlauchtigsten Fürsten
und Herrn,
Herrn
Carl Friedrich,
Erb-Prinzen zu Sachsen Weimar
und Eisenach &c.
in tiefster Unterthänigkeit gesprochen
von
Jacob Elkan.

Jacob Elkans Gedicht
auf die Geburt des Erbprinzen
Carl Friedrich 1783
THSAW

„Und in der Nacht,
in der man sprach:
es ist ein Sohn gebohren,
jauchzte ich laut vor Freude,
preisete Gott mit Psalmen
und Lobgesang,
nach meiner Väter Weise."

Wenn die Wimper der Morgenröthe sich aufschließt, freut sich der wachsame Hirt, daß der Tag beginne, und die leuchtende Sonne hervortrete aus dem nächtlichen Gezelt.

Wenn auf dem Hügel, von Südwinds Hauch der Winterschnee zerrinnt, harren die Töchter Zions dem kommenden Lenz entgegen, Blumen zu pflücken im Blütenmond,

Wenn die Rebe am Weinstock Augen gewonnen hat, hoffet der fleissige Winzer Trauben zu keltern im Herbst, und süßen Most zu gewinnen, der im Becher perlet.

Segen Gottes träufe auf Ihm herab, wie aus den Wolken Morgenthau, daß Er aufsprosse der zarte Säugling, wie des Lebensbaum in Edens Mitte, und einst sein schattenreiches Haupt erhebe, hoch über alle Bäume im Garten der Elohim!

Segen Gottes träufe herab, wie aus den Wolken Morgenthau:

Auf das Haupt seines Gesalbten, dem er gab Weisheit ins Herz Sein Volk zu regieren, wie dem weisesten der Erdenkönige.

Auf die huldvolle Gebährerin, daß Sie schmecke die Seligkeit aller Mutterfreuden, und hervorgehe aus Ihrer Kammer, heiter wie die Verkünderin des Tages in Geleitschaft des leuchtenden Morgensterns, und rüstig wie ein muntres Felsenrehe auf Libanon.

Auf die liebliche Knospe, den holden Erstling im verschwisterten Blumengebinde, daß Sie Sich aufschließe, wie die Frühlingsrose in den Lustgärten Salomons.

Auf die beglückte Mutter, Welche aufblühen sieht Ihr erhabenes Geschlecht, in Kind und Kindeskindern; Die milde Fürstin, Welche wohlthätig aufnahm Ihren Knecht, den Fremdling im Thor, vor seinen Brüdern, und ihn sicher wohnen ließ in Ihres Palmbaums Schatten.

Auf den geliebten Pilger, der unter fremdem Himmel Kunst und Sitte späht, daß Ihn der Engel Gottes leite auf fernem Pfad, und bring' Ihn bald zurück in Sein harrend Vaterland.

Jacob Löser (1753–1818)

Ehe wir uns den Söhnen Jacob Elkans zuwenden, sei seines Schwagers Jacob Löser gedacht, *Löser Seligmanns, Schutzjuden zu Walldorf bei Meiningen zweiten Sohnes.* Den Quellen nach lebte auch er als Handelsmann in Weimar. Am 16. August 1783 erscheint er mit einer Verkaufsanzeige in den Weimarer Wöchentlichen Anzeigen mit dem Angebot verschiedener Kleidungsstücke in unserm Blickfeld. Sein Quartier befand sich damals im Hause des Meisters Zimmermann in der kleinen Windischengasse, also in der Nähe des Elkanschen Hauses. Sein Geburtsjahr läßt sich aus seiner Todesurkunde als 1752 oder 1753 errechnen. Am 24. August 1783 verheiratete er sich in Weimar mit Sara Elkan, Jacob Elkans Schwester, deren Geburtsjahr sich auch wieder nur aus ihrer Todesurkunde als 1747 erschließen läßt. Es gibt keine Hinweise auf die Zeit, in der sie nach Weimar kam. An Kindern aus der Ehe mit Jacob Löser sind vier bezeugt: Mamel, das 1784 geborene, mit 21 Wochen am 2. November 1784 verstorbene Töchterchen; Esther, geboren am 30. Dezember 1789, gestorben am 15. Oktober 1795; ein Sohn, dessen Geburtsjahr nicht vorliegt, er starb am 25. Oktober 1795. Am 16. März 1801 wurde den Eltern noch ein – wieder Esther genanntes – Kind genommen.

Jacob Löser hat das Bürgerrecht nicht erworben. Seine Wohnungen hat er wiederholt gewechselt. Aus der Windischengasse zog er 1786 oder 1787 in ein Quartier am Bornberg im Stichlingschen Hause. Von dort verlegte er 1802 seine Handlung in des Ratsaktuars Schneider Haus, worunter ein später zwecks Erweiterung des Gasthofes „Zum Erbprinzen“ abgerissenes Haus zu verstehen ist. *Oben am Markt, neben dem Gasthof zum Erbprinzen* oder einfach *am Markt* – so wird Lösers Wohnung in den verschiedenen Zeitungsankündigungen genannt.

Es ist nicht uninteressant zu verfolgen, was für Waren Jacob Löser im Lauf der Jahrzehnte angeboten hat. Nur in den allerersten Jahren scheinen es lediglich Gebrauchtwaren gewesen zu sein: Kleidungsstücke, *Mannskleider* verschiedener Größe, ein kupferner Waschkessel, ein Mörser aus Messing. Schon im Herbst 1785 bietet er aber Waren anderer Art an, auf die er sich dann offenbar spezialisiert hat, insbesondere Nürnberger und englische Waren. Bei ersteren handelt es sich immer wieder um weiße und braune gemandelte Pfefferkuchen, die vor allem vor Weihnachten angeboten werden und um *vielerley spaßhafte Spielsachen;* bei den englischen Waren beispielsweise um Spiegel, Tisch- und Taschenuhren, Messer (auch Solinger Ware) aller Art. Hier und da mag es sich auch noch um Gebrauchtwaren gehandelt haben, denn es heißt in seinem Angebot einmal ausdrücklich: *neue Uhren.* Vor Weihnachten gibt es auch Schlittschuhe, Schellen, Zimbeln, lackierte Tische und Präsentierteller, Spucknäpfe, Brotkörbe, Blumenkörbe, Blumenäsche, Tisch- und Taschenuhren, plattierte Leuchter, Zuckerdosen, englische Baumwolle von allen Couleuren, französische Tassen, kleine und große Spiegel, englische und Solinger Tischmesser, Bleistifte, Siegellack, Räucherpulver, Kommodenbeschläge und anderes mehr. Auch Möbel wie Schreibsekretäre und Kommoden nach neuestem Geschmack, Wedgwood-Tee- und Milchkannen und russischer Tee sind im Angebot, zum Frühjahrsmarkt ebenso reichlich wie zur Weihnachtszeit. Ein kleines Zeitbild bringt Lösers Anzeige vom 26. November 1806 nach dem Durchzug fremder Soldaten: *Es liegt eine Anzahl Kommisbrote hier, wovon jedes Brot, drey Pfund schwer, um 1 gr. abgelassen werden soll. Wer daher dergleichen Brod zu kaufen gedenkt, kann sich bey dem Handelsmann Herrn Löser allhier oben auf dem Markte wohnhaft, Freytags von 12 Uhr an bis Nachmittags 3 Uhr melden.*

Daß Jacob Löser in enger Verbindung mit seinem Schwager Jacob Elkan lebte, ging bereits aus dem gemeinsamen Bittschreiben an den Herzog im Jahre 1793 hervor. Es sei hier auch daran erinnert, daß er sich an den Silberlieferungen für die Eisenacher Münze in den Jahren 1791 bis 1799 beteiligte. Er überlebte seinen

Schwager um fünfzehn Jahre. Am 2. September 1818 starb er, 66 Jahre alt, an Halsschwindsucht und wurde am 3. September *in Elkans Garten* begraben.[56] Seiner Frau Sara Tod fällt auf den 3. Oktober 1824. Sie wurde in der Nähe ihres Mannes bestattet.

Mit ihnen erlosch die Weimarer Familie Löser.

JACOB ELKANS SÖHNE

Meyer Elkan (1773–1813)

Von den drei den Vater überlebenden Söhnen Meyer, Israel Julius und Alexander war Meyer im September 1803, also noch zu Lebzeiten des Vaters, in das Haus des Kanzleisekretärs Temler in der Schloßgasse gezogen. Das gab er im Weimarischen Wochenblatt bekannt mit der Versicherung auch fernerer reeller und billiger Bedienung. Er hatte also schon vorher Handel getrieben, doch wohl im väterlichen Hause. Was er im Laufe der folgenden Jahre, von 1811 an am Markt wohnend, anbot, waren Tabaros (Dominos) zu Redouten, feine Stoffe, Leinen und allerhand Fertigwaren wie Strümpfe, Schals und Umschlagtücher aus Merino und Kaschmir. Seine Verkaufsanzeigen sind bis zum September 1813 zu verfolgen. Er starb am 27. November dieses Jahres an Nervenfieber und hinterließ, außer seiner Ehefrau Zerline, geborene Joseph Israel, genannt Romberg aus Meiningen, fünf Kinder. Die beiden Söhne Jacob und Moritz blieben bei ihrem Onkel und Vormund Alexander Elkan und waren später als Lehrlinge in dessen Geschäft tätig. Zerline Elkan kehrte mit ihrem ältesten Sohn Israel und ihren beiden Töchtern Emilie und Henriette nach Meiningen zurück und lebte dort im Hause ihres Vaters, der in der Lage war, sie alle zu versorgen. Meyer Elkan hatte so wenig Vermögen hinterlassen, daß sie sich mit allen fünf Kindern in Weimar nicht hätte halten können.

Wic aus einer Akte des Weimarer Stadtarchivs[57] ersichtlich ist, richtete Zerline Elkan im Jahre 1821 ein Gesuch an Großherzog Carl August, nach siebenjähriger Abwesenheit mit den drei Kindern ihren Wohnsitz wieder in Weimar nehmen zu dürfen. Ihr Vater sei nun alt, nach seinem Tode wären zwar genug Mittel zu ihrer Existenz in Meiningen vorhanden, sie aber fürchte, die Stadt Meiningen werde dann von ihr als einer Fremden verlangen, daß sie die Stadt verlasse. Ihre Familie habe in einer langen Reihe von Jahren höchsten Schutz und Gnade der Landesherrschaft genossen, daher bitte sie auch jetzt um ihre Hilfe. Ihre Übersiedlung nach Weimar würde auch ihren *auf der Grube stehenden* Vater sehr beruhigen.

Wie schwer den Juden damals noch die Erfüllung einer solchen Bitte gemacht wurde, geht aus dem Verlauf der Verhandlungen zwischen Stadtrat und Landesregierung hervor.[58] Das Gesuch der Bittstellerin wurde abgewiesen.

Aber es sollte noch schlimmer kommen. Alexander Elkan hatte 1822 bei dem Großherzog die Erteilung des Bürgerrechts und eine Handelskonzession für seine beiden Mündel Jacob und Moritz Elkan zur Anlegung einer Ausschnitt-, Tuch-, Mode- und Galanteriewarenhandlung beantragt. Am 19. Januar 1824 wiederholt er sein Anliegen. Jetzt sei, so fährt er fort, der niegeahnte Fall eingetreten, daß seinen Mündeln der Aufenthalt am gesetzlichen Wohnort ihres Vaters streitig gemacht werde. Er beruft sich nun auf ein Landesgesetz, demzufolge Eingeborne vom Ort ihrer Geburt nicht verwiesen werden können, wenn sie nicht drei Jahre lang einen selbständigen Aufenthalt an einem andern Ort gehabt haben. Seine Mündel seien aber immer in Weimar gewesen, außerdem verhindere ihre Ausübung eines Erwerbszweiges die bürgerliche Gemeinde, einmal für sie sorgen zu müssen.

Grabstein für Meyer Elkan (1773–1813) auf dem Jüdischen Friedhof in Weimar

In dem abfälligen Bericht des Stadtrates an die Landesdirektion vom 22. März 1824 wird darauf der Standpunkt vertreten, die Elkanschen Kinder, auch die hiergebliebenen, hätten kein Aufenthaltsrecht, könnten es auch nicht erwerben, da sie gesetzlich der Mutter folgen, die sich wesentlich von hier weggewendet habe und die hiergebliebenen Söhne bloß ihrer Ausbildung wegen in Weimar geblieben seien.

Gegen den als Antwort darauf abschlägigen Bescheid der Landesdirektion an den Stadtrat vom 7. November 1824 wegen des Gesuchs von Alexander Elkan wendet sich dieser am 4. Februar 1825 mit einer Beschwerde über die Landesdirektion an den Großherzog. Darin beruft er sich auf § 10 der Judenordnung vom 20. Juni 1823, in dem es heißt, daß die Juden allein und unter sich die Kosten ihrer Armenversorgung aufzubringen haben. Keine Ortsgemeinde könne daher *ein diesfallsiges Bedenken haben, das Heimatrecht eines Juden anzuerkennen, wenn an ihrem Orte wie hier wohlhabende Juden wohnen.* Wenn außerdem keine begründete Einwendung gegen die sittliche Bildung eines Juden, der auf sein Heimatrecht bei ihr Anspruch mache, vorliege und sie dennoch diesem Anspruche widerstrebe, *so kann nur eine nicht substantiirte Regung des Gemüthes ihren Willen bestimmen,* was des Großherzogs Genehmigung ebensowenig erhalten könne wie die Nötigung des diesfalls bedrängten Juden zu dem Rechtswege, der ihn Geld, Unruhe und Zeit koste.

Nach nochmaliger Darlegung der Sachlage und unter Berufung auf die mit Sachsen-Meiningen abgeschlossene Konvention von 1823 sowie auf die zwischen dem Königreich und dem Großherzogtum Sachsen von 1821 legt Alexander Elkan ebenso klug wie eingehend seinen Standpunkt im Gegensatz zu der Entscheidung der Landesdirektion dar und betont: *Ein unselbständiges Kind kann, eben weil es unselbständig ist, kein domicilium erwerben oder verlieren. Ihm bleibt sein domicilium originis so lange, als bis es in den Stand gesetzt ist, seinen Willen gesetzlich selbst zu bestimmen und durch Anlegung, einer Wirtschaft seinem zukünftigen Schicksal selbst eine*

Richtung zu geben. Im Falle seiner Mündel, die zum Teil von ihm erzogen und in den hiesigen Schulen und freien Anstalten unterrichtet worden sind, handele es sich überdies nicht um Hilfsbedürftige und Landstreicher, sondern um wohlerzogene junge Leute, die sich in ihrer beginnenden bürgerlichen Laufbahn bestreben wollen, dem Staate und dem Fürsten, dem sie angehören, Ehre zu machen. Die Justizbehörden, denen Elkan jährlich über seiner Mündel Vermögen Rechenschaft ablegen muß, haben bereits das forum originis und das domicilium allda gerechtest anerkannt, und so ruft er nun die Gerechtigkeitsliebe des Großherzogs an mit dem Antrag, *daß wegen Eintragung meiner Mündel in die hiesigen Judenmatrikel das Geeignete an die Behörde allergerechtest verordnet werde* .

Am 1. März 1825 unterzeichnet Großherzog Carl August seine Anweisung an die Landesdirektion, *sich dem Ansuchen ihres Vormundes um Aufnahme in die Judenmatrikel zu fügen oder aber, daferne außerdem noch ein wesentlicher Thatumstand und dahier unbekanntes Bedenken vorhanden seyn sollte, darüber zu weiterer Beschlußfassung anher zu berichten.*

In dem Bericht des Stadtrates vom 13. Mai 1825 wegen der Heimatansprüche der Meyer Elkanschen Kinder wurden nochmals gegenüber der Landesdirektion Bedenken geäußert. Es wurde jedoch entschieden, daß es bei dem „Höchsten Reskript" vom 1. März bleibt, und daß der Stadtrat auf einen Prozeß verzichten soll.

Was ist aus der Familie des Meyer Elkan geworden? Über seine Witwe Zerline und ihre drei jüngsten Kinder Moritz (geboren 1807), Emilie (geboren 1808) und Henriette (geboren 1811) war aus Weimarer Quellen nichts mehr zu erfahren. Es wird nicht einmal deutlich, ob die Mutter nach den langen Verhandlungen der zwanziger Jahre wirklich mit den Kindern nach Weimar zurückgekehrt ist oder ob der Älteste, Israel, für dessen Aufenthalt in Fulda sich sein Onkel, der Bankier, einsetzte, allein Meiningen verließ und die Mutter mit den beiden

Fragment des Grabsteins für Bertha Wernthal geborene Mey auf dem Jüdischen Friedhof in Weimar

Töchtern dort blieb. Und was wurde aus Moritz, der mit seinem Bruder Jacob bei seinem Onkel Alexander in der Lehre gewesen war? Da er in Weimar nirgends mehr genannt wird, ist anzunehmen, daß er sich in einer anderen Stadt niedergelassen hat.

Über Israel Julius (geboren 1803) und Jacob (geboren 1805), der sich später Jacques nannte, sind wir gut orientiert. Zunächst 1826 als Handlungsdiener bei der Witwe Simon Löser in Fulda, etablierte sich Israel Julius darauf als Webermeister und Schnittwarenhändler in Weimar. Er erwarb das Bürgerrecht und verheiratete sich mit Amalie Wernthal, der am 20. August 1816 geborenen Tochter des Viehhändlers und Kaufmanns Levin Wernthal und dessen Ehefrau Bertha geborene Mey aus Nordhausen. Diese wurde 1840 in das Weimarer Bürgerbuch eingetragen.

Am 12. Februar 1842 wurde die Tochter Selma geboren, die schon am 24. März 1848 an Lungenschlag starb.[59] Offenbar war sie das einzige Kind des Ehepaares. Denn in der Todesurkunde des Israel Julius, der am 28. Mai 1874 im Alter von 70 Jahren starb,[60] ist vermerkt, daß er nur seine Ehefrau hinterlasse. Anscheinend ist Bertha Wernthal (geboren am 11. Oktober 1776) nach ihres Mannes Tod zu Tochter und Schwiegersohn nach Weimar gezogen, denn ihr Tod ist für den 27. Januar 1857 in Weimar bezeugt.[61] Das Fragment ihres Grabsteins konnte auf dem Weimarer Judenfriedhof gefunden werden.

Israels jüngerer Bruder Jacob erwarb wie sein Bruder das Bürgerrecht und war als Kaufmann in Weimar tätig. Er heiratete seine 1827 geborene Kusine Karoline, Alexander Elkans Tochter. Am 1. Mai 1858 starb deren noch unbenannte Tochter im Alter von dreizehn Stunden.[62] Der am 3. April 1855 geborene Sohn Julius Bernhard Isidor Paul starb am 15. August 1861 an Unterleibsentzündung.[63] Er hatte einen Bruder und eine Schwester, die aber nicht in die Taufregister der Stadtkirche eingetragen sind. Jacob Elkan starb als Kaufmann und Particulier[64] am 1. Juli 1873, 67 Jahre alt, an Herzschlag.[65]

Die beiden die Eltern überlebenden Kinder sind die letzten nachweisbaren Nachkommen des ersten in Weimar beheimateten Juden Jacob Elkan. Für die Mutter Karoline und die Tochter Helene helfen uns die Weimarer Adreßbücher. Danach hat Karoline nach ihres Mannes Tod zunächst mit ihrer Tochter in der Berkaer Straße 11 gelebt. 1878 wird Helene als Frau des Malers Lyonel Cowen geführt. 1893 als geschiedene Malersfrau, die zuerst noch mit der Mutter, nach deren Tod im Jahre 1890 in der Junkerstraße 5 (heute Beginn des Stadtringes [Trierer Straße]) wohnte, wo sie bis 1903 in den Adreßbüchern geführt wird. Dann ist sie nach England übergesiedelt, wo sie am 20. April 1932 in Nottingham starb. Ihr Bruder Robert tritt in den Adreßbüchern nicht in Erscheinung. Offenbar ist er schon frühzeitig nach England gegangen. Er verheiratete sich dort mit Elisabeth Sarah Collyer und starb am 19. August 1912.[66]

Weiteres war nicht über die Geschwister zu erfahren. Sie waren die letzten Elkan-Erben des jüdischen Friedhofs, den jeder von beiden zu einem halben Anteil besaß.

Grabstein für Julius Elkan (1779–1839)
auf dem Jüdischen Friedhof in Weimar

Julius Elkan (1780?–1839) und Alexander Elkan (1791–1865)

Wir haben uns nun den beiden jüngeren Söhnen Jacob Elkans, Julius und Alexander, zuzuwenden. Es soll sich zuerst um den jüngeren Alexander handeln, da uns die Geschichte des Bankiers Israel Julius – später nur noch als Julius bezeichnet und bekannt – mit seinem Bankhaus und dessen späteren Schicksalen bis in die neuere, ja, neueste Zeit beschäftigen wird.

ALEXANDER ELKAN, geboren 1791, hatte schon in jungen Jahren ein Verkaufsgeschäft und zwar offenbar im Hause seiner Mutter: zunächst eine Drogerie, in der er Eau de Cologne, echten Berliner Königsrauch, chinesischen Opodeldoc,[67] Dr. Hufelands und Dr. Welkers Zahnpulver, aromatische Palmseife, Waschwasser und Zahntinktur, Son d'amande oder Mandelkleie laut Zeitungsanzeige 1812 anbot. Dann ging er zu Schnitt- und Modewaren über. Im Oktober 1814 bedankte er sich in der Zeitung für das bisherige Vertrauen seiner Kunden und teilte mit, daß er seine Ausschnitthandlung vor kurzem in das Haus des Kammerherrn Rühlmann auf den Markt verlegt habe. 1816 gab er bekannt, er habe sein neu und schön assortiertes Lager im Haus der Frau Bäckerin am Markt eingerichtet. Von den Waren, die er anzeigte, seien genannt: Mousseline, Mull, Battist, Taft, feine und geringe Kattune, Florence, feine und geringe Linnen, Niederländer Tücher, Schals, Umschlagtücher, englische Strick- und Stickbaumwolle, Seidenwaren und anderes mehr.

Im Jahr 1824 kaufte er seiner Mutter und den Geschwistern für 4 300 Reichstaler das Haus in der Windischengasse ab, in dem auch die seit 1818 verwitwete Sara Löser geborene Elkan bis zu ihrem Tode im Jahre 1824 gelebt hatte – erhalten von Julius und Alexander Elkan, wie letzterer auf seiner Matrikel vermerkt hat. Er behielt das Haus aber nur bis 1826, dann verkaufte er es an den Schuhmachermeister Christian Markgraf und dessen Ehefrau.[68] 1824 hatte er schon ein Haus auf dem Markt erworben, das zweite von der Windischengasse aus nach dem Rathaus zu, dem schönen Bau von 1526, der nach Osten in den Markt hinein vorgezogen und von der Breitengasse (heute Marktstraße) nur durch ein Haus getrennt war. Zwischen Elkans Haus und dem Rathaus befanden sich noch zwei Häuser, das viergeschossige Elkans war das stattlichste, das die anderen überragte. Hier hatte er seine Handlung, hier lebte er seit seiner 1826 in Offenbach am Main vollzogenen Eheschließung mit seiner Frau, der 1804 in Bayreuth geborenen, in Frankfurt bei ihrem Bruder lebenden Henriette Seebach[69] und den 1827, 1828 und 1832 geborenen Kindern Caroline, Jacob Adolph und Laura,[70] ferner mit seiner Mutter bis zu ihrem Tod im Jahre 1833 und mit der noch unverheirateten Schwester Nanni. Zu seinem Haushalt gehörten auch seine beiden Neffen Jacob und Moritz, die Söhne seines verstorbenen Bruders Meyer, der Handlungsdiener Meyer Callmann aus Rudolstadt, der Handlungslehrling Harry Norden aus Hildesheim, die Köchin Sara Josef aus Schwarza und, als einzige Christin, das Wirtschaftsmädchen Caroline Schorch aus Wiehe.[71]

Von Interesse dürfte es sein, daß sich Alexander Elkan im Jahre 1823 mit einem großen und bis ins Detail ausgearbeiteten Projekt befaßte, mit dem An- und Verkauf des Salzbedarfs für das Großherzogtum auf Rechnung der Staatskasse.[72] Er reichte seinen Plan dem Landtag ein. Daraufhin wurde das Schriftstück erst einmal sämtlichen Landräten zur Prüfung und Beurteilung vorgelegt. Die Angelegenheit zog sich lange hin, bis am 26. Januar 1826 der ausführliche Bericht des Landschaftskollegiums an den Großherzog ging, in dem in schroffer Form gegen Elkans Projekt Stellung genommen wurde. Es heißt darin: *Der fragliche Plan beruht ... so offenbar auf statistischen Fehlern, auf bloßen Hypothesen und unrichtigen Calculationen, auf Unkenntnis bestehender Verhältnisse und Rechtszustände, auf falschen Finanzgrundsätzen und mangelhaften Verwaltungs-Maßregeln, auf zur Erreichung des Zwecks unpassenden und*

Die Westseite des Weimarer Marktplatzes vor 1837 (Briefkopf)
Radierung von Carl August Schwerdgeburth. SWK

Das neue Rathaus in Weimar von Baurat Heinrich Heß
Kolorierter Stich von Eduard Lobe. SWK

unzulänglichen Mitteln, daß von Ausführung desselben, so wie er vorliegt, wohl nie wird die Rede sein können.

Die Großherzogliche Kammer (von Fritsch) kam in ihrem Gutachten vom 17. Dezember 1826 zwar auch zu einer Ablehnung, sprach aber einleitend aus, daß die wohlgemeinte Absicht des Kaufmanns Alexander Elkan, dem Staate ohne Bedrückung der Untertanen eine Revenue von 45 000 Reichstalern jährlich durch Ausführung seines dem Landtage überreichten Plans zu verschaffen, keineswegs zu verkennen sei. Wie diese Niederlage auf Alexander Elkan gewirkt hat, wissen wir ebensowenig, wie wir die Reaktion seines Vaters auf die Ablehnung seines Münzvorschlags kennen.

Einschneidender waren auf jeden Fall die Ereignisse im folgenden Jahrzehnt.[73] Im Jahre 1837 brannte das Rathaus ab, und die umliegenden Häuser, auch das Elkansche, erlitten dadurch erheblichen Schaden. Elkan mußte sein Verkaufslokal und Warenlager in den ersten und zweiten Stock des Stadthauses gegenüber dem Rathause legen, pries aber in ungebrochenem Eifer seine Waren im Weimarer Adreßbuch von 1840 an. Dort heißt es außerdem: *Seine ausgezeichneten Bekanntschaften mit Fabrikanten, Banquiere und Kaufleuten befähigen ihn, Aufträge sowohl als Kommissionär oder Sensal*[74] *für andere Geschäftszweige zu übernehmen, und er nimmt auch als Agent der neuen Berliner Hagel-Versicherungs-Gesellschaft und der Vieh-Versicherungs-Gesellschaft für Deutschland Versicherungen an.*

Mit dem Rat der Stadt gab es in diesen Jahren lange und auf beiden Seiten mit Hartnäckigkeit geführte Verhandlungen um Schadenersatz oder Verkauf der geschädigten Häuser an die Stadt zwecks Abriß.[75] Alexander Elkan bestand auf der Verkaufssumme von 9 000 Reichstalern, die er endlich auch erhielt. Die vier Häuser zwischen der Windischengasse und dem ehemaligen Rathaus fielen dem Rathaus-Neubau von Heinrich Heß in neugotischem Stil zum Opfer – der Coudraysche Plan hatte die Billigung des Großherzogs nicht gefunden –, da das Rathaus nun weiter westwärts bis zur Windischengasse erbaut wurde. Als es 1842 fertiggestellt war, erhielt Alexander Elkan als Lager- und Verkaufsräume das Erdgeschoß links von der Eingangshalle, bis hinein in die Windischengasse. Gewohnt hat er dort nicht. Seine Wohnungen wechselten.

Die späteren Jahre im Leben Alexander Elkans scheinen in mancherlei Hinsicht überschattet gewesen zu sein. Am 23. Januar 1848 starb seine Frau Henriette im Alter von 43 Jahren an den Folgen des Brustkrebses.[76] Als derzeitige Wohnung gibt das Totenbuch der Stadtkirche die Frauentorstraße an – nach damaliger Bezeichnung der Stadtviertel: H 109. Er selbst mußte sich öfter wegen Kränklichkeit entschuldigen, wenn er von den Behörden als Vertreter der Weimarer Juden zu Auskünften, Fragen und Entgegennahme von Anordnungen bestellt wurde. Auch seine geschäftliche Lage und damit seine finanziellen Verhältnisse verschlechterten sich. Sein Gesuch um ein Darlehen von 4000 Reichstalern, das er am 2. Oktober 1854 an die Großherzogin Maria Pawlowna richtete,[77] spricht ebenso wie die Äußerung ihres Sekretariats- und Schatull-Sekretärs Schrickel vom 4. Oktober 1854 eine deutliche Sprache.[78]

Ob Schrickel den ihm gegebenen Rat, selber mit Elkan zu sprechen und ihm die Schwierigkeiten anzusagen, die in seinem Gesuch lagen, befolgt und auf diese Weise erfahren hat, wie es mit ihm steht und ob Hilfe noch möglich ist, darüber geben die Akten keine Auskunft. Auch die Frage: Sollten seine beiderseitigen Angehörigen ihn nicht auch unterstützen können? bleibt ohne Echo. Wir wissen nicht, wie Alexander Elkan seiner Schwierigkeiten Herr geworden ist.

Daß er sich ebenso wie sein Vater dem Fürstenhaus dankbar verpflichtet fühlte, zeigt ein Brief vom 18. November 1860 an den Vorsitzenden des Kulturgeschichtlichen Vereins kurz nach dessen Versammlung in Weimar, in dem daran erinnert worden war, daß sich während der Tauffeier für Erbprinz Carl August im Jahre 1757 über dem Schloß ein Regenbogen zeigte und als Vorzeichen einer segensreichen Regierung gedeutet wurde. Das habe, so schreibt Alexander Elkan, in ihm ein eigenes Erlebnis im Jahre 1828 ins Gedächtnis gerufen. Er sei damals dem feierlichen Leichenzug des in Graditz bei Torgau plötzlich verstorbenen Großherzogs Carl August bis vor Naumburg entgegengegangen und habe ihn mit Tausenden und Abertausenden bis Weimar begleitet. Dort sei der Himmel ganz mit schwarzen Wolken bedeckt gewesen, *die jedoch, wunderbar anzusehen, in einem Nu rechts und links dem reinsten Horizont Platz machten, unter welchem der Einzug ohne Störung eines Elements geschehen konnte,* ein Schauspiel, das er dem Willkommensgruß des Regenbogens für den Täufling als Abschiedsgruß für den Dahingegangenen an die Seite stellen zu dürfen wünschte. Alexander Elkan wurde älter als alle seine männlichen Angehörigen. Er starb am 21. Januar 1865 an Nervenschlag und wurde laut Kirchenprotokoll nach israelitischem Ritus begraben.[79] Zuletzt hat er in der Friedhofstraße, der heutigen Amalienstraße, gewohnt. Als seine hinterlassenen Kinder sind ein Sohn und zwei Töchter angegeben. Von dem ältesten Kind, der Tochter Caroline, war schon die Rede. Ihr Grabstein ist 1962 noch auf dem jüdischen Friedhof gesehen worden. Das zweite Kind Alexanders, der 1828 geborene Sohn Jacob Adolph, ist 1857 und 1869 im Weimarer Adreßbuch als in der Marienstraße wohnender Bankbeamter geführt. Das dritte Kind, die Tochter Laura,[80] heiratete den Bank-Disponenten Leopold Levyn in Weimar und starb am 9. Mai 1868.

Über die frühen Jahre von Alexanders älterem Bruder Julius Elkan ist nicht viel bekannt. Sein Geburtsdatum ist nicht gesichert. Auf seiner Matrikel, von ihm selbst ausgefüllt, steht als Geburtsdatum der 10. Juli 1781, die Weimarer Goetheausgabe gibt 1770 an, auf seinem Grabstein an der Ostmauer des jüdischen Friedhofs ist ebenfalls 1770 zu lesen, woran sich vielleicht die Weimarer Ausgabe orientiert hat. Im Geburtsregister der jüdischen Mitbürger im Taufbuch der Stadtkirche für 1813 bis 1821 steht unter dem Namensverzeichnis der Kinder Julius Elkans: *Obiger Julius Elkan wurde gebohren den 21. April 1779.* Im Totenbuch für 1833 bis 1840 wird sein Lebensalter an seinem Todestag, dem 28. Juli 1839, als 59 Jahre angegeben, was auf 1780 als Geburtsjahr schließen läßt. Da für seinen älteren Bruder Meyer das Jahr 1773 bezeugt ist, schaltet das Jahr 1770 jedenfalls aus. 70 könnte ein Lese- oder Schreibfehler für 79 oder 80 sein. Sein ursprünglicher Name war Israel. Die Tendenz, dem biblischen Namen einen bürgerlichen hinzuzufügen, der später oft statt des biblischen allein gebraucht wurde, ist auch hier zu spüren in der Bezeichnung des späteren Bankiers und seines Bankgeschäftes: Julius Elkan.

Julius scheint schon frühzeitig das Haus seiner Mutter verlassen zu haben, denn im Januar 1811 macht er in der Zeitung seinen Losverkauf für eine Lotterie bekannt und gibt dabei als seine Wohnung an: *im Hause des Herrn Kaufmanns Schmidt in der Windischengasse.* Später hat er auf der Esplanade (heute Schillerstraße) gewohnt, seit April 1816 *in dem Wiegandschen Hause in der Burgstraße 27* (heute Burgplatz 3), gegenüber dem Löwenportal des Schlosses, mit den Initialen JCW des Besitzers Joh. Christ. Wiegand und der Jahreszahl 1808 über der Haustür.

Dort lebte Julius Elkan bis an sein Lebensende mit seiner Familie, dort etablierte er sein Bankgeschäft. An die Mitteilung seiner Wohnung knüpfte er die Bitte um das weitere Vertrauen seiner Gönner und Freunde und fügte hinzu: *Wechsel- und Geldumsatz, Juwelen Ein- und Verkauf sind seine Hauptgeschäfte, aber mit Vergnügen werde ich auch andere Geschäftsaufträge mit der größten Aufmerksamkeit besorgen.*[81]

Vor 1807 hatte sich Julius Elkan mit Jeannette Borchardt verheiratet, deren Herkunft nicht zu ermitteln war. Aus dieser Zeit mag die heute in Privatbesitz befindliche Miniatur stammen, die den Vermerk „Elkan" trägt und mit großer Wahrscheinlichkeit Julius Elkan darstellt. Es ist das Werk eines unbekannten Romantikers, von dessen Signet nur noch die Jahreszahl 1803 oder 1808 erkennbar ist.

Das erste Kind der Ehe[82] war Johanna, geboren am 23. September 1807, die ihre Kinderjahre an der Espla-

Das Bankhaus Julius Elkan
im ehemals Wiegandschen Haus Burgplatz 3
unten links Eingang gegenüber dem Löwenportal des Schlosses
unten rechts nördliche Seitentür Burgplatz 5

Julius Elkan (1779–1839)
Miniatur, Silberstift auf gekreidetem Papier
Von unbekanntem Romantiker, signiert 1803 oder 1808
Privatbesitz

Visitenkarte Julius Elkans
Privatbesitz

nade verlebte, innig befreundet mit Schillers jüngstem Kind, der 1804 geborenen Emilie und späteren Frau von Gleichen-Rußwurm, von der neun Briefe an Johanna Elkan im Goethe-und-Schiller-Archiv aufbewahrt werden.[83] Sie stammen aus ihrer Kinderzeit in Weimar und den Jahren in Greifenstein, von wo sie die Beziehung zu der Jugendgespielin wieder aufgenommen hatte, die 1834 den Berliner Verlagsbuchhändler, Stadtrat und Landtagsabgeordneten Dr. Moritz Veit heiratete.

Das zweite Kind Julius Elkans, die am 7. Februar 1809 geborene Pauline, starb bereits am 21. Mai desselben Jahres. Auch der einzige, am 16. April 1811 geborene Sohn, Jacob Albert, wurde den Eltern schon am 12. März 1814 wieder genommen. Als viertes und letztes Kind wurde Louise am 16. April 1816 geboren, vielleicht schon in dem Hause am Burgplatz.

Dort lebten laut Matrikel Julius Elkans außer der engsten Familie eine Schwester von Frau Jeannette, Frieda Oppenheim geborene Borchardt[84] und, zum Geschäftspersonal gehörend, die jüdischen Glaubensgenossen Samson Callmann als Buchhalter, Siegmund Callmann als Handlungslehrling und, als dieser nach Paris ging, August Callmann, alle drei aus Rudolstadt. Es waren offenbar Brüder und Söhne des ebenfalls August heißenden Schwiegersohnes von Jacob Elkan, der mit dessen Tochter Jette verheiratet war, wie Alexander Elkan auf seiner Matrikel vermerkt hat.

Die Bank Julius Elkans, der zum „Hofbanquier" ernannt wurde, erfreute sich im Laufe der Jahre eines ausgezeichneten und weithin ausstrahlenden Rufes. *Wohl kein Bankhaus der Welt wird unter seinen Klienten und denen, die als Besucher Weimars bei ihm aus- und eingegangen sind, eine solche Zahl stolzer Namen aufzuweisen haben wie das Bankhaus Elkan,* heißt es in einem Bericht der Allgemeinen Thüringischen Landeszeitung vom 13. September 1931, der auf Aufzeichnungen des letzten Bankinhabers Dr. Roderich Moritz beruht. Der gute Ruf des Bankhauses wird schon durch den großen und angesehenen Kundenkreis deutlich, der aus den zahlreichen, im Goethe-und-Schiller-Archiv bewahrten

Geschäftsbriefen von und an Julius Elkan und nach seinem Tod an die unter seinem Namen weitergeführte Firma ersichtlich ist.

Einige der bekanntesten Namen seien hier genannt: Anton Genast, Franz von Dingelstedt, Johann Peter Eckermann, Johannes Falk, die Frorieps, von Gersdorf, Goethe, Karoline und Ferdinand Jagemann, Christoph Wilhelm Hufeland, Johann Nepomuk Hummel, Franz Kirms, Franz Liszt, Heinrich Meyer, Friedrich von Müller, Lorenz Oken, Justus Perthes, Henriette und Ottilie von Pogwisch, Ludwig Preller, Charlotte und Ernst von Schiller, Adele und Johanna Schopenhauer, Adelheid von Schorn, Carl August Schwerdgeburth, Frédéric Soret, die Steins, Karoline und Wilhelm von Wolzogen.

Julius Elkan starb am 28. Juli 1839 an Nervenfieber.[85] Die Zeitung fügte am 31. Juli der Todesnachricht hinzu: *In ihm haben viele Hilfsbedürftige einen Wohltäter, wir insgesamt einen einsichtigen, tätigen und braven Geschäftsmann verloren.*[86] Sein Grabstein ist von denen, die an der Ostmauer des jüdischen Friedhofs gefunden wurden, der am besten erhaltene: ein rechteckiger, aufrechtstehender, hellgrauer Sandstein mit einer Giebelbekrönung, auf der ein Kranz von sechs kleinen Davidsternen gerade noch zu erkennen ist. Die Inschrift auf der Tafel darunter ist von einem längsovalen Kranz in Biedermeierart umgeben. Sie zeigt deutlich die Worte *Hier ruht Julius Elkan* und darunter die Lebensdaten und Hofbankier. Die Schrift unter ihnen und unterhalb des Ovals ist nicht mehr lesbar.

Das Wichtigste und Einzigartige unter den erhaltenen Grabsteinen des Weimarer jüdischen Friedhofs sind die Reliefs zweier schlanker Kannen mit Spitzfuß zu beiden Seiten des Kranzes als Zeichen der Abstammung von den Leviten, den Tempeldienern der Urväterzeit. Diese waren mit dem Dienst im Vorhof des Tempels betraut und hatten dem Priester, ehe er die Gemeinde segnete, die Hände mit Wasser zu übergießen oder zu besprengen. Krug und Schüssel gehörten zu ihren Geräten. Besonders der Krug oder die Kanne ist auf den Grabsteinen alter jüdischer Friedhöfe wie Worms, Gelnhausen,

Grabstein für August Callmann (1804–1869) auf dem Jüdischen Friedhof in Weimar

Meiningen und anderen in den verschiedensten Gestaltungen, zumeist über der Inschrift, zu finden. Über die Herkunft des Namens Elkan von dem altbiblischen Elkana unterrichtet das Erste Buch der Chronik mit der Stammesfolge der Nachkommen der Söhne Levis, unter denen der Name Elkana wiederholt vorkommt. Ein Elkana war auch der Vater Samuels.

Daß in so später Zeit das Kannensymbol noch auf einem Weimarer Grabstein verwendet wurde, ist bemerkenswert und zeugt von dem bewußten Festhalten an der Tradition, an dem Glauben der Väter.

August Callmann (1804–1869)

Über den Prokuristen August Callmann, geboren am 23. Januar 1804, sind wir gut unterrichtet auf Grund einer Akte des Stadtarchivs Weimar,[87] die seine Bewerbung um das Bürgerrecht in den Jahren 1840 und 1849 enthält. Da ihm eine Stellung als Prokurist der Firma Elkan noch auf eine längere Reihe von Jahren die Existenz in hiesiger Stadt sichere und auf Grund seiner langjährigen guten Geschäftsverbindungen und persönlichen Bekanntschaften mit vielen Bürgern der Stadt äußerte er den Wunsch, sich der Stadt durch die Erlangung des Bürgerrechts noch näher anzuschließen, obgleich er sich zu dem israelitischen Glauben bekenne und von einer Rudolstädter Familie abstamme, also der § 17 der Judenordnung vom 20. Juni 1823 ihm entgegenstehe, auf Grund dessen auswärtige Juden nicht weiter in das Großherzogtum als Staatsuntertanen aufgenommen werden dürfen.

Callmanns Gesuch wird abgeschlagen, auch von der Landesdirektion im Namen Großherzog Carl Friedrichs, der sich allerdings in dem Sinne äußert, er könne sich zur Zeit noch nicht bewogen fühlen, Callmann im Wege landesfürstlicher Dispensation von den Bestimmungen der Judenordnung das Bürgerrecht erteilen zu lassen.

Im Hinblick auf dieses *zur Zeit noch nicht* erneuerte Callmann ein Jahr später sein Gesuch, wird aber wieder entschieden abgewiesen. Im folgenden Jahr weist die Landesdirektion im Namen Carl Friedrichs den Stadtrat an, über Callmanns Gesuch zu beraten und das Ergebnis mitzuteilen. Ebenso interessant wie erfreulich ist das schriftliche Votum des Herrn Dirigenten, das in der Versammlung verlesen und dann zu den Akten genommen wird. Hier hat ein mutiger Mann und wahrer Menschenfreund das Wort ergriffen, dessen Ausführungen es verdienen, als Dokument festgehalten zu werden.

Der Grund, warum das natürliche Recht, welches jeden Menschen gleich behandelt haben will, nicht überall auch dem jüdischen Volk zu Teil wird und weshalb die Toleranz, als das eigentliche Kennzeichen aller sittlichen Völker, wodurch sie sich hauptsächlich von den Barbaren unterscheiden, nicht überall auch für die Juden spricht, so daß jetzt nur in Frankreich, Belgien und Holland die Juden alle staatsbürgerlichen Rechte genießen, liegt wohl hauptsächlich darin, daß ein großer Teil des jüdischen Volks, aber dieses zeither erlittenen Drucks wegen, die gemütliche und geistige Ausbildung entbehrt und darum namentlich bei den deutschen Volksstämmen ein Mißtrauen erregt hat, welches die gänzliche Emanzipation des jüdischen Volkes, so oft sie auch von wohlwollenden Männern beantragt worden, gleichwohl noch bis jetzt beanstandet. Was aber wahr ist, wird doch zuletzt den Sieg davontragen und ist gewiß anzunehmen, daß die Emanzipation des jüdischen Volks in kurzer Zeit doch überall anerkannt und ausgesprochen werden wird. Unser Judengesetz von 1823 ist nunmehr schon 19 Jahre alt, und es unterliegt wohl keinem Zweifel, daß eine neue Redaktion desselben schon jetzt viele Milderungen eintreten lassen würde, denn der vorwärtsschreitenden Kultur kann auch der hartnäckigste, eigennützigste Konservative nicht mehr mit einiger Hoffnung auf bleibenden Erfolg entgegentreten, und man darf schon von der Voraussetzung ausgehen, daß ein JETZIGER *Landtag sich* FREISINNIGER *über diesen Gegenstand äußern werde als jener Landtag von 1823, der allzu sehr durch die Einflü-*

sterungen und ausgesprochenen Besorgnisse der Juden feinde befangen gemacht wurde und sich noch zu wenig von den alten Vorurteilen losmachen konnte, welche der sich immer mehr verbreitende Sinn für Humanität und die edleren Gefühle der Menschheit, wie Nebel vor der aufsteigenden Sonne, mit immer mehr wachsender Gewalt leicht besiegen und zerstreuen wird.

H[er]r Callmann genießt das Vertrauen des Publikums in hohem Grade, erst kürzlich ist er von einer großen Zahl der sich für die projektierte Eisenbahn beteiligt habenden hiesigen Einwohner mit einer nicht unbedeutenden Stimmenzahl zum stellvertretenden Ausschußmitglied gewählt worden. Er hat schon so eine geraume Zeit unter uns gelebt, daß wir wohl im Stande sind, über sein moralisches und sein geistiges Sein ein Urteil auszusprechen, und das dies nur günstig ausfallen kann, dies darf ich wohl mit aller Gewißheit annehmen. Ich selbst habe, eben bei Gelegenheit der Beratung über die projektierte Eisenbahn, Veranlassung gehabt, ihn näher kennen zu lernen, und habe in ihm einen sehr umsichtigen, sein Geschäft in voller Gewalt habenden, wohlgesinnten, rechtschaffenen Mann gefunden, der unsere Stadt liebt und gern Gelegenheit ergreift, ihr nützlich zu werden.

Es kommt dazu, daß das Banquiergeschäft, das sich jetzt unter seiner Leitung befindet, unserer Stadt ganz unentbehrlich ist, nicht allein der künftigen Eisenbahn wegen, sondern schon des jedes Jahr an Umfang gewinnenden Wollmarktes wegen und weil der wachsende Verkehr die nicht unbedeutende Anzahl von bedeutenden Kapitalisten und Geschäftsmännern in unserer Stadt und der auf unsere Stadt angewiesenen Umgegend die Notwendigkeit eines Banquiergeschäftes immer mehr herausstellt. Wenn wir aber Herrn Callmanns Gesuch zurückweisen, so wird das Banquiergeschäft, dem er zeither vorgestanden, entweder ganz aufhören oder an einen anderen Ort verlegt werden, hier aber wird sich ein neues nicht so leicht begründen, denn ein dergleichen auf außerordentlichen Kredit, große Geschäftserfahrungen und die ausgebreitete Bekanntschaft gegründetes Geschäft ist nur das Resultat langjähriger, von bedeutenden

Glücksfällen begleiteter Anstrengung, großer bedeutender Geschäftsverbindungen und eines großen Kredits, der sich nicht so schnell erwerben läßt. Und wenn man vielleicht auf Herrn Kallmanns Nachkommenschaft hinweisen und darin eine künftige Beschwerde unserer Stadt schon vorausahnen wollte, so erfordert es die Gerechtigkeit, das Zeugnis auszusprechen, daß unsere Stadt von den hier heimatberechtigten Juden wenig oder gar keine Belästigung gehabt hat. Sie nähren sich alle auf eine rechtschaffene Weise und fallen der Armen- und Heimatkasse nicht zur Last. Von ihnen begangene Verbrechen sind mir nicht bekannt.

Ist das aber nicht schon zeither nicht der Fall gewesen, so muß dies für die Zukunft immer weniger eintreten, da unsere neuere Gesetzgebung auch für die moralische Ausbildung der Juden, durch genaue Beaufsichtigung ihrer Religionsgebräuche mit großer Weisheit gesorgt hat und ihre Vermögensverhältnisse, verbunden mit der den Juden überhaupt eigentümlichen Betriebsamkeit, eine Besorgnis wegen künftiger Belästigung der Heimatkasse umso weniger aufkommen lassen. Auch ist dabei in Betracht zu ziehen, daß Dr. Kallmann eine Summe von 500 Talern anzahlen will, die man für alle Fälle als eine Sicherheitsbestellung für künftige nicht wahrscheinliche Belästigung von Seiten seiner Familie ansehen mag. Ich stimme deshalb dahin, daß Kallmann zum hiesigen Bürger aufgenommen werde.[88]

Die sich an den Vortrag des schriftlichen Votums anschließenden Diskussionen zeigen, wie engstirnig man sich den angeschnittenen Problemen gegenüberstellte. Vorgebracht wurden allgemeine Gründe gegen die Emanzipation der Juden, in Bezug auf das Elkansche Geschäft die leichte Ersetzbarkeit eines fähigen Geschäftsführers, in Bezug auf den Wollmarkt der Umstand, daß bei dem jetzigen allgemeinen Münzfuß nur unbedeutende Wechselgeschäfte gemacht würden und ein Bankhaus völlig entbehrlich sei. Darauf wurde *mit entschiedener Stimmenmehrheit* der Beschluß gefaßt, die Aufnahme des Bittstellers unter die Bürger der Stadt abzulehnen. Am 13. Mai 1842 ging der Bericht des Stadtrates an die Landesdirektion.

Nach mehr als sieben Jahren, am 31. August 1849 – also nach der bürgerlich-demokratischen Revolution – erneuerte Callmann sein Gesuch um Erteilung des Bürgerrechts durch den Stadtrat. Dabei berief er sich auf die am 21. Dezember 1848 erlassenen „Grundrechte der Deutschen“, die am 10. Januar 1849 im Großherzogtum zu landesgesetzlicher Wirkung gelangten, sowie auf das in der Zwischenzeit nicht geschmälerte Vertrauen des Weimarer Publikums zu ihm und darauf, daß zufolge eines mit den Julius Elkanschen Erben abgeschlossenen Vertrages das Bankgeschäft nach dem Ableben der Frau Jeannette Elkan auf ihn übergehen werde.

Diesmal hatte seine Bewerbung endlich Erfolg: mündlich geladen erschien er am 18. September 1849 vor dem Stadtrat, der ihm den Plenarbeschluß vom 1. September eröffnete. Darauf wurde Callmann nach Zahlung des Bürgergeldes für sich, seine Ehefrau und seine Tochter Laura eine Stadtordnung ausgehändigt, als Bürger verpflichtet und in das Bürgerbuch eingetragen.

Mit dem Eintritt von Hermann Moritz in das Bankhaus Elkan änderte sich die Szene.

Hermann Moritz (1820–1885)

Welcher Art die Gründe waren, die den am 5. April 1820 zu Wehlau in Ostpreußen geborenen Hermann Moritz, der in den verschiedensten Stellungen bereits den Ruf eines ausgezeichneten Kaufmanns erworben hatte, nach Weimar und in Beziehung zu dem Bankhaus Elkan brachten, war nicht festzustellen. Er ist dort zunächst mit August Callmann zusammen tätig gewesen. Am 21. Mai 1850 verheiratete er sich mit der jüngsten, am 26. April 1816 geborenen, Tochter Julius Elkans, Louise. Die Trauung vollzog der Landrabbiner Dr. Heß aus Lengsfeld, was auf Wunsch des Hermann Moritz in das Traubuch der Weimarer Stadtkirche eingetragen wurde.[89] Jeannette Elkan starb, 75 Jahre alt, am 11. Januar 1851 am Lungenschlag.[90] Hermann Moritz betrieb das Bankgeschäft zunächst noch gemeinsam mit Callmann, dann übernahm er es als alleiniger Besitzer.

Callmann gründete am 1. Januar 1854 eine eigene Bank: das Bankhaus August Callmann & Co am Markt. In Jena hatte er eine Filiale. Am 15. Juli 1869 starb er an Bauchfellentzündung. Auf dem jüdischen Friedhof wurde sein Grabstein im Gesträuch an der Ostmauer liegend gefunden und konnte identifiziert werden.

Hermann Moritz ist als Hofbankier und Kommerzienrat bis zu seinem Tode Alleininhaber des Bankhauses Julius Elkan geblieben. Zu Anfang der fünfziger Jahre äußerten Jenaer und Eisenacher Bürger den Wunsch nach einer Zweigniederlassung in Jena und Eisenach. In Jena konnte eine solche 1857 unter der Leitung eines jüngeren Bruders von Hermann Moritz, Rudolf Moritz, gegründet werden. Sie hat bis zu dessen und seines Prokuristen Tod im Jahre 1902 bestanden und mußte dann mangels eines geeigneten Nachfolgers aufgelöst werden. In Eisenach kam die Gründung einer Filiale gar nicht erst zustande, da keine zur Leitung fähige Persönlichkeit vorhanden war. Im Jahre 1868 entstand statt dessen das Bankhaus Hermann Kaiser in der Goldschmiedenstraße 25.

Blick von Osten auf das Wohnhaus von Dr. jur. HERMANN MORITZ, neben dem Eckhaus. Im Vordergrund rechts Marstallgebäude, im Hintergrund Turm der Stadtkirche

Nicht unerwähnt bleiben darf das stattliche Wohnhaus von Hermann Moritz am Vorwerk, jetzt Marstallstraße 3, gegenüber dem Eingang zum Thüringer Hauptstaatsarchiv Weimar. Es hat noch heute seine durch Ketten von der Straße getrennte Auffahrt, seinen vornehmen Eingangsraum und den in unmittelbarer Nachbarschaft zu dem des Kirms-Krackow-Hauses liegenden Garten, der bis zur Stadtmauer reicht, auf die eine Brüstung aus roten Formsteinen mit zwei Altanen aufgesetzt ist. Der Besitzer des Hauses ist heute die „Stiftung Weimarer Klassik".

Hermann Moritz starb am 4. Oktober 1885, laut Familienanzeige in der Zeitung *nach kurzem schweren Leiden.* Seine Frau Louise war bereits am 26. Februar 1882 verstorben. Beide wurden auf dem jüdischen Friedhof bestattet.

Vestibül des Wohnhauses von Hermann Moritz. SWK/Geske

Seite 70
Wohnhaus von Dr. jur. Hermann Moritz (1820–1885)
Am Vorwerk (heute Marstallstraße 3) mit Auffahrt und Gartenmauer – unten Detail der Gartenmauer

Aus dem Nekrolog im Jahrbuch 1886 der Deutschen Shakespeare-Gesellschaft, dessen Schatzmeister und Vorstandsmitglied Hermann Moritz seit Gründung der Gesellschaft während einundzwanzig Jahren gewesen war, können wir uns ein Bild von dem Geschäftsmann, dem Menschen und dem Kunstfreund machen.[91]

Gartenseite des Wohnhauses von Dr. jur. Hermann Moritz
Aquarell um 1850. SWK

Roderich Moritz (1851–1931)

Nach des Vaters Tod übernahm Dr. jur. Roderich Menzel Moritz, der 1851 als einziges Kind aus der Ehe seiner Eltern hervorgegangen war, das Bankhaus Julius Elkan und des Vaters Wohnhaus am Vorwerk. Mit ihm überschreiten wir zwar die Zeit der Nachklassik beträchtlich, möchten dies aber um der weiteren Schicksale des Bankhauses, aus zeit- und stadtgeschichtlichen Gründen und um des lebendigen Bildes seines langjährigen und letzten Besitzers und Leiters willen nicht unterlassen. Eine ergiebige Quelle steht uns in einem Bericht der Allgemeinen Thüringischen Landeszeitung vom 13. September 1931 zur Verfügung, der unter der Überschrift *Der Bankier des klassischen Weimar, nach eigenen Aufzeichnungen von Kommerzienrat und Hofbankier Dr. jur. Roderich Menzel Moritz* wenige Wochen nach dessen Tod veröffentlicht wurde.[92] Der Bericht schließt mit den Worten: *Alles das bedeutete für alteingesessene Privatinstitute schließlich das Ende ihrer Wirksamkeit in der überkommenen Form.*

Das Ende ihrer Wirksamkeit in der überkommenen Form war Anfang des 20. Jahrhunderts auch das Schicksal des Bankhauses Julius Elkan. Mit Wirkung vom 1. Januar übernahm am 1. März 1906 die Magdeburger Privatbank – später Mitteldeutsche Privatbank genannt – das Bankhaus als Filiale mit dem Zusatz „vormals Julius Elkan". Dr. Moritz wurde Mitglied des Aufsichtsrates. 1908 übernahm sie auch den Spar- und Vorschußverein in Weimar. Beide hatten einen ganz verschiedenen Kundenkreis, arbeiteten daher zufriedenstellend nebeneinander. Die beiden Niederlassungen wurden 1922 zusammengelegt und bestanden als Commerz- und Privatbank A. G. bis zu den Umgestaltungen des Bankwesens nach dem zweiten Weltkriege.

Tritt hinter diesem Bericht die Persönlichkeit von Dr. Roderich Moritz völlig zurück, so geben uns die Nachrufe ein um so lebendigeres Bild. Wenige Monate nach der Vollendung seines 80. Lebensjahres war er am 23. August 1931 verstorben. Als Hinterbliebene zeichneten in der Todesanzeige sein Vetter Dr. Richard Moritz in Jena und der Bruder seiner Frau, Adalbert Dotter, der auch im Bankhaus Elkan tätig gewesen war. Die Ehe war kinderlos geblieben. Berta Moritz war ihrem Mann schon am 9. Oktober 1922 im Tode vorangegangen, in ihrem Grab wurde seine Urne eingebettet. Die Grabstätte befindet sich nahe dem Haupteingang des Städtischen Friedhofs, als zweite der Grabstätten, die Anfang der zwanziger Jahre auf der linken Seite des vom Haupteingang schräg nach rechts oben führenden Weges angelegt wurden. Der Grabstein aus hellgrauem

Kalk trägt als Inschrift nur die beiden Namen: Berta Moritz geb. Dotter und darunter Dr. jur. Roderich Moritz, Großherzogl<ich> Sächs<ischer> Kommerzienrat und Hofbankier, ohne Daten. Über der Inschriftzone befindet sich ein Kreuz. Eine Todesurkunde ist in den Registern der Stadtkirche nicht vorhanden. Offenbar gehörten sie keiner Religionsgemeinschaft an. In dem ergreifenden Zeitungsbericht vom 27. August 1931: *Kommerzienrat Dr. Moritz' letzter Weg,* in dem die nichtkirchliche Trauerfeier in der Friedhofskapelle geschildert wird, ist zu lesen: *Er hatte sich nachdrücklich alle religiösen Zeremonien verbeten,* aber die Abschiedsworte seines Freundes und Vertrauten Dr. Julius Wahle schlossen mit einem Goethespruch, *der auch die religiöse Seite des Verblichenen im tiefsten Sinne erkennen ließ.* Unter den Klängen des Niederländischen Dankgebets wurde der Sarg versenkt.

Das Shakespeare-Jahrbuch von 1932 brachte für das langjährige Vorstandsmitglied einen Nachruf.[93]

Für seine Verdienste um die Shakespeare-Gesellschaft war Dr. Roderich Moritz bereits früher die Ehrenmitgliedschaft verliehen worden. Darüber hinaus erhielt er das Bronze-Modell des Weimarer Shakespeare-Denkmals auf Lebenszeit, womit die Anerkennung, der Würdigste unter den in Weimar ansässigen Mitgliedern der Gesellschaft zu sein, ihren äußeren Ausdruck finden sollte.

Die Familie Ulmann

Gabriel Ulmann (1743–1816) und Ephraim Ulmann (1770–1830)

Haben wir die Elkans von ihren Weimarer Anfängen an durch das 19. bis in die Anfänge des 20. Jahrhunderts, wo ihre Spuren verrinnen, verfolgen können, so wird es uns ähnlich mit den Ulmanns ergehen. Der erste dieses Namens, der in den Weimarer Quellen erscheint und uns schon mehrfach in den vorhergehenden Kapiteln begegnete, ist der Schutzjude Gabriel Ulmann – auf dem Fragment seines Grabsteins in hebräischer Schrift als Sohn des Mosche (= Mose) bezeichnet. Spätestens 1775 muß er in Weimar ansässig geworden sein, denn in Herzogin Anna Amalias Schatullrechnungen für 1775/76 erscheint in Konzept und in Reinschrift Gabriel Ulmann mit 82 Reichstalern *für das gelieferte Berliner Porcelaine, gezahlt mit 42 rt. in Münze und 40 rt. in Louisd'or.*[94]

Am 15. November 1776 wurde *Herrn Gabriel Ulmann mit 82 Reichstalern für das Söhnlein auf ihr erkauftes Fleck beerdiget.* So steht es im Totenbuch der Stadtkirche. Bald danach starb ihm auch noch ein Töchterlein, das am 29. November 1776 begraben wurde.[95] *Es liegt auf ihren Gottesacker neben den Hofjüdten seinen zur linken seyte* steht in Tobias Bielkes Begräbnisverzeichnis, wobei nicht vergessen werden darf, daß unter dem Begräbnisplatz der beiden Kinder der von Jacob Elkan erworbene zu verstehen ist!

Die Geburtsurkunden dieser beiden Ulmann-Kinder befinden sich nicht in Weimar, auch nicht die des laut Matrikel von 1823 am 11. Dezember 1770 geborenen Sohnes Ephraim. Alle drei müssen also an dem vorherigen Wohnort Gabriel Ulmanns und seiner Frau Breine geborene Levy geboren sein, unter dem möglicherweise Lengsfeld (heute Stadtlengsfeld) zu verstehen ist, das eine sehr große jüdische Gemeinde hatte, in der der Name Ulmann mehrfach nachweisbar ist. Gabriel Ulmanns Geburtsjahr ist als 1743 zu errechnen, er war

GABRIEL ULMANN (1743–1816)
Ölgemälde von unbekanntem Meister. Privatbesitz
Foto Kreutter

also gleichaltrig mit Jacob Elkan. Seiner Frau Breine Geburtsjahr, ebenfalls errechnet aus dem in ihrer Todesurkunde angegebenen Lebensalter, liegt um 1736. Wahrscheinlich war sie verwandt mit dem auch in die Frühzeit jüdischer Einwanderung gehörenden Schutzjuden Moses Levi, im Totenbuch der Stadtkirche „ein armer Jude“ genannt, als am 24. Dezember 1775 sein Söhnlein begraben wurde.

Im Jahre 1783 tritt Gabriel Ulmann wieder in den Weimarer Quellen auf. Am 20. Februar 1783 meldeten die Weimarischen Wöchentlichen Anzeigen: *Seren[issimus] Clemens Regens haben dem Negocianten,*[96] *Herrn Gabriel Ulmann, allhier, das Prädikat als Hof-Commissarius mittelst Decret d. d. 12. Febr. a. c. zu ertheilen gnädigst geruht.* In den Verkaufsanzeigen vom 20. August 1785 steht die folgende Notiz: *Bey Unterzeichneten allhier ist verschiedenes Gewehr, insbesondere Büchsen von den besten Meistern gegen billigen Preiß zu verkaufen.*

Als Handelsmann hat er sich also im ersten Jahrzehnt seiner Zuwanderung betätigt. Am 16. Februar 1791 teilt er in der genannten Zeitung mit, daß er Lose der Dresdner Lotterie vertreibe. Hier deutet sich schon der Finanzmann an, der sich dann zusammen mit seinem Sohn Ephraim als erfolgreicher Bankier einen Namen machte und es zu beträchtlichem Vermögen brachte.[97] Ephraim hatte 1797 die Handlungskonzession erlangt. Beide, Vater und Sohn, erwarben im Jahre 1811 das Bürgerrecht, Gabriel am 20. September, Ephraim am 19. November.

Ephraim besaß damals schon eine große Familie. Am 25. Mai 1798 hatte er sich mit der am 31. August geborenen Jeannette Hirsch aus Kassel verheiratet. Aus dieser Ehe gingen in rascher Folge elf Kinder[98] hervor: Julia (Januar 1800 bis 14. Januar 1814); Jacob (März 1801 bis 24. April 1808); Esther Emma (geboren im Mai 1802, verheiratet in Berlin mit Dr. Moses Rubo, geboren am 8. August 1803); Leopold (3. August 1805 bis 5. Dezember 1808); Abraham Albert (geboren am 24. August 1808, besuchte in Berlin eine Handelsschule und verheiratete sich dort); Claudius (1. Februar 1810 bis 20. Dezember

Grabstein für JULIA ULMANN (1800–1814)
Vom Jüdischen Friedhof Erfurt 1983 nach Weimar zurückgekehrt

1893); Nathan Traugott (geboren am 29. März 1812, Tuchmachergeselle in Eupen, gestorben 1834 in ?); Lewi Herrmann (geboren 10. November 1814, Schüler der Wunderschen Privatschule in Weimar, Handlungslehrling in Breslau); Elise (geboren am 16. Februar 1817, Schülerin des Instituts der Madame Leidenfrost in Weimar, ging nach Pyrmont, verheiratete sich mit dem Schriftsteller Boas und kehrte nach seinem Tode ins Elternhaus zurück); Gabriel Bruno (geboren am 27. August 1821).

Nach des Totengräbers Bielcke Angaben über die Stelle, wo die Toten begraben wurden, sind Julia, Jacob und Leopold *auf ihrem Gottesacker,* auch *in seinem* (das ist Ulmanns) *Teil* bestattet worden; bei Jacob und Leopold ist noch hinzugefügt: *den Juden-Gottesacker* (das ist Elkans) *zur linken Seite* (also Nordseite). Als Julia Ulmanns Grabstein hat sich ein kleinerer durch die Entzifferung der hebräischen Inschrift – die deutsche ist leider erloschen – erwiesen. Dieser und der größere Grabstein mit einer Krone über der hebräischen Inschrift, die ihn als den von Meir Elkan, Jacobs ältestem Sohn, ausweist, sind offenbar Anfang der fünfziger Jahre unseres Jahrhunderts als besonders auffällige und gut erhaltene durch Professor Helmut Holtzhauer aus dem Weimarer jüdischen Friedhof entfernt und im Grundstück des Kirms-Krackow-Hauses aufbewahrt worden, bis der Vorstand der jüdischen Gemeinden Thüringens sie nach einem Hinweis der Nationalen Forschungs- und Gedenkstätten der klassischen deutschen Literatur in Weimar um 1955 auf den Erfurter jüdischen Friedhof – nahe den Steinen des alten geschändeten Friedhofs in der Cyriaxstraße – bringen und dort aufstellen ließ.

Die Ulmanns haben verschiedene Häuser in der Stadt besessen. Das heute am eindeutigsten feststellbare dürfte das Gebäude Theaterplatz 1 sein, das dem stark verschuldeten Fürsten Reuß gehört hatte. Heute ist es die Gaststätte Theaterkasino, allerdings durch den im Erdgeschoß vorgesetzten Anbau stark verändert. Der einstige große Garten an seiner Westseite war nach der

GABRIEL UND EPHRAIM ULMANNS
Wohn- und Bankhaus Theaterplatz 1 (rechts)

Ulmannschen Zeit der beliebte Werthersche Kaffeegarten, der den Weimarern zur Erholung, Geselligkeit und als Konzertgarten diente.

Über Goethes Geldgeschäfte mit der Ulmannschen Bank liegen eine Reihe von Belegen im Goethe-und-Schiller-Archiv – nachzulesen in den Briefen und Tagebüchern der Weimarer Ausgabe.[99] Bereits in einem Brief vom 26. Mai 1797 an Christiane Vulpius, dann am 5. August 1803 an eine französische Firma und am 23. Januar 1812 an Johann Heinrich Meyer erledigte er Zahlungen für Aufträge des Herzogs für Edelsteine, Tapeten für das neueingerichtete Schloß und für Lotterielose. Später waren es eigene Aufträge, um deren Erledigung Goethe ersuchte, zum letztenmal am 1. Juli 1830 über 42 Taler sächsisch für *30 Flaschen vorzüglichsten Madeira.* Die Tagebuchaufzeichnungen von 1800 bis 1820 beziehen sich auf die jeweils in den Briefen gegebenen Anweisungen.

Im Vordergrund Grabsteine links für Gabriel Ulmann (1743–1816) und rechts für Ephraim Ulmann (1770–1830)

Grabstein für
Gabriel Ulmann
Rückseite mit
deutscher Inschrift
Bild oben und unten
auf dem
Jüdischen Friedhof
in Weimar

Gabriel Ulmann starb 73 Jahre alt am 15. April 1816 an Gehirnschlag. Im Weimarischen Wochenblatt ist die Todesanzeige der Familie veröffentlicht.[100] Seine Frau Breine überlebte ihn um knapp zwei Jahre.

Am 26. Mai 1830 starb auch sein Sohn Ephraim.[101] In den Bruchstücken einer weimarischen Chronik über die Jahre 1806 bis 1835, niedergeschrieben von dem Gerichtsbeamten Franz David Gesky und aufbewahrt in den Sammlungen des Thüringer Hauptstaatsarchivs Weimar befindet sich eine Niederschrift über das Begräbnis von Ephraim Ulmann, das Gesky offenbar als Augenzeuge miterlebt hat – ein Dokument, das nicht nur aus personellen Gründen von Interesse ist. Gibt es uns doch eine Vorstellung von der Art eines jüdischen Begräbnisses.[102]

Ephraims Witwe Jeannette starb siebzigjährig am 10. Dezember 1846 und wurde nach israelitischem Ritus begraben.[103] Von den Ulmannschen Kindern war offenbar der einzige der überlebenden Söhne, der in Weimar blieb, das siebente, 1810 geborene Kind Claudius.

Claudius Ulmann (1810–1893)

Claudius Ulmann besuchte in Weimar das Gymnasium, studierte Medizin und ist im Weimarer Adreßbuch von 1840 als Dr. med. in der Wohnung seiner Mutter am Theaterplatz genannt, später als praktischer Arzt in der Wielandstraße, dann in der Schützengasse und schließlich als Medizinalrat in der Bernhardstraße (jetzt Hegelstraße). Verheiratet war er mit der am 3. April 1810 in Pyrmont geborenen Marianne Windmüller, mit der er zwei Söhne und zwei Töchter hatte. Heinrich Ephraim wurde am 24. Februar 1841, Philipp Traugott am 14. Juli 1843 geboren. Diese beiden Söhne wurden am 24. Februar 1857 in der Sakristei der Stadtkirche von Kirchenrat Dr. Dittenberger getauft und am Palmsonntag danach in der Stadtkirche öffentlich konfirmiert. Stiftsprediger Mohnhaupt hatte die Täuflinge in den Lehren des Christentums unterwiesen. Ihre Paten waren Staatsrat Stichling und Hofrat Dr. Sauppe, Professor an der Universität Göttingen.[104] Die Eltern der Täuflinge blieben mosaischen Glaubens. Der jüngere Sohn Philipp Traugott studierte in Jena Medizin und starb dort am 7. August 1864 im Wellenbade am Schlagfluß. Ebenfalls in Jena starb Claudius Ulmanns Frau Marianne am 11. August 1872 geisteskrank im Alter von 62 Jahren.[105] Von seinen Töchtern lebte Johanna später bei dem Vater in der Bernhardstraße, Natalie wird nach des Vaters Tod in derselben Wohnung genannt.

Des Medizinalrats Tod ist weder im Totenbuch der Stadtkirche noch in dem der Hofkirche vermerkt. Die Todesanzeige in der Zeitung[106] lautete:

Heute morgen entschlief nach langem,
schwerem Leiden im 84. Lebensjahre
unser teurer Vater, Großvater und Bruder
Medizinalrat Dr. Klaudius Ulmann
Weimar, den 20. Dezember 1893
Die Hinterbliebenen

Für die Danksagung zeichneten die Hinterbliebenen in Weimar und in Greifswald. Unter den in Greifswald Lebenden sind zu verstehen der Sohn Professor Dr. Heinrich Ulmann und seine Frau Sophie, die am 21. August 1852 in Heidelberg als Tochter des dortigen Anatomen Jakob Henle geboren wurde, sowie die beiden Töchter Marie, 1873 in Dorpat geboren, und Gertrud, 1878 in Greifswald geboren. Die jüngste, am 12. November 1879 ebenfalls in Greifswald geborene Tochter Elise war im Alter von zwölf Jahren, ein Jahr vor ihrem Großvater, an einem Rückenmarksleiden in Jena verstorben und auf dem Städtischen Friedhof in Weimar bestattet worden.[107]

Die Grabstätte von Claudius Ulmann und seiner Familie wird von Guido Schnaubert in seinem Büchlein „Der alte Friedhof vom Jahre 1818“ (aufgenommen 1907) noch in Quartier J vermerkt. Eine Begehung erwies leider, daß sie – schräg gegenüber der Hoffmann von Fallerslebens – neu belegt ist. Nichts weist mehr auf sie hin.

Medizinalrat Dr. med. Claudius Ulmann (1810–1893)
Ölgemälde von James Marshall. Privatbesitz. Foto Kreutter

rechts oben
Marianne Ulmann geborene Windmüller (1810–1872)
Ehefrau von Claudius Ulmann
rechts unten
Elise Ulmann (* 1817), Schwester von Claudius Ulmann,
verheiratet mit dem Schriftsteller Boas
Beides Pastelle von Unbekannt. Privatbesitz. Foto Kreutter

Heinrich Ephraim Ulmann (1841–1931) als Kind
Sohn von Claudius Ulmann und Marianne Windmüller
Ölgemälde von Unbekannt. Privatbesitz. Foto Kreutter

Heinrich Ephraim Ulmann (1841–1931)

Heinrich Ulmann war 1863 in Göttingen auf Grund seiner Dissertation über „Gotfrid von Viterbo, Beitrag zur Historiographie des Mittelalters“ zum Dr. phil. promoviert. Nach Gießen und Dorpat, wo er heiratete und seine Tochter Marie geboren wurde, lehrte er als Professor der Geschichte an der Universität Greifswald. Hier veröffentlichte er eine Reihe von Arbeiten, von denen sieben Titel zum Bestand der Herzogin Anna Amalia Bibliothek gehören. Das umfangreichste Werk sind die zwei Bände über „Kaiser Maximilian I., Auf urkundlicher Grundlage dargestellt“. Sie erschienen in Stuttgart bei Cotta von 1884 bis 1891. Von den weiteren, während seiner Greifswalder Zeit veröffentlichten Arbeiten seien erwähnt: „Russisch-preußische Politik unter Alexander I. und Friedrich Wilhelm III., bis 1806“ und „Das Leben des deutschen Volkes bei Beginn der Neuzeit“. Seine „Briefe über und von dem Freiherrn, späteren Fürsten Karl August von Hardenberg, preußischen Staatsminister, nachherigen Staatskanzler, aus den Jahren 1795-1814/15“ sind 1924 in der Gesellschaft hessischer Bücherfreunde in Darmstadt erschienen. Dort lebte Ulmann seit 1913 im eigenen Hause in der Ohlystraße mit dem Titel Geheimer Regierungsrat im Ruhestand, gemeinsam mit seiner Frau und der unverheirateten Tochter, der Kunstmalerin Gertrud. Seine Frau Sophie geborene Henle starb am 5. Mai 1917 in Schömberg im Schwarzwald an Lungentuberkulose und wurde dort bestattet. Seine ältere Tochter Marie, verehelicht mit dem Professor der Ohrenheilkunde in Heidelberg Dr. Werner Kümmel, der 1930 verstarb, war bereits am 5. April 1915 in Heidelberg an Nierentuberkulose gestorben. Heinrich Ulmann selbst wurde 90 Jahre alt. Er starb am 17. November 1931 in Darmstadt, wo er auf dem alten Friedhof seine letzte Ruhe fand.

Er hat die Zeit des Faschismus nicht mehr mitzuerleben brauchen, dessen Opfer die Schwester seiner Frau Emma Henle und seine Tochter Gertrud wurden.

Links oben PHILIPP TRAUGOTT ULMANN (1843–1864) als Knabe
rechts oben HEINRICH EPHRAIM ULMANN (1841–1931) als Knabe
unten Heinrich und Philipp als Kinder
Drei Pastellbilder von Louise Seidler. Privatbesitz. Foto Kreutter

Seite 89: Professor Dr. phil. HEINRICH ULMANN (1841–1931)
Ölgemälde seiner Tochter Gertrud. Privatbesitz. Foto Kreutter

Emma Henle nahm sich am 12. Oktober 1937 in Heidelberg das Leben. Gertrud mußte nach des Vaters Tod das auch von Nichtjuden bewohnte Haus verlassen und wurde bei dem jüdischen Ehepaar Brill einquartiert. Mit diesem deportierte man sie schließlich nach Theresienstadt, wo sie 1942 oder 1943 Hungers starb. Nach ihrer Rückkehr aus der Emigration in die Schweiz brachte die Familie Professor Dr. Kümmels, des Sohnes von Marie und Werner Kümmel, am Grabe Heinrich Ulmanns eine Gedenktafel für Gertrud Ulmann an. Im Jahre 1981 ist die Grabstätte aufgelassen worden.

Die Kunstmalerin
Gertrud Ulmann
(1878–1942/43)
jüngere Tochter von
Heinrich Ulmann
(Nach einem Paßbild)

Grabstein für
Heinrich Ulmann und
Gedenkstein für
Gertrud Ulmann auf
dem Alten Friedhof
in Darmstadt

Am Schluß dieses Kapitels über die Ulmanns sei noch mitgeteilt, daß Heinrichs handgeschriebener Lebensbericht aus dem Jahre 1921 *Erinnerungen aus der Jugend und dem Gelehrtenleben* erhalten ist und von der Familie aufbewahrt wird. Die Schilderungen des Eltern-, Großeltern-, und Urgroßelternhauses am Theaterplatz 1, das mit so bekannten Namen wie Johanna Schopenhauer, Johann Peter Eckermann und Arnold Böcklin verknüpft ist, sowie der Weimarer Umwelt, die der junge Heinrich Ulmann miterlebte, sind von großem Reiz.

Moses Levi († 1810) und sein Sohn Israel Levi Lichtenstein (1784-1856)

An der Ostmauer des Weimarer jüdischen Friedhofs stand, ganz im Gebüsch verborgen, ein hellgrauer Grabstein mit der eben noch lesbaren Inschrift:

Hier ruht in Gott
Levi Lichtenstein
in seinem 76ten Jahr
am 18ten Mai 1856
gestorben

Wer war Levi Lichtenstein? Was für eine Rolle hat er in Weimar gespielt? Mit ihm kommen wir in einen ganz anderen Lebenskreis als bei den Elkans, Ulmanns und Lösers: er war Tanzlehrer. Quellen sind genug über ihn erhalten: in den Anzeigen des Weimarischen Wochenblattes, in den Kirchenbüchern der Stadtkirche, im Bürgerbuch der Stadt Weimar und in seiner Matrikel.

Sein ursprünglicher Name war Israel Levi, der Name seines Vaters Moses Levi. Ob dieser mit dem Gothaer Hofjuden Levi Israel verwandt war, läßt sich nicht entscheiden. Hier wird wieder deutlich, wie sehr das häufige Vorkommen derselben biblischen Namen die Identifizierung erschwert. Als mit der neuen Judenordnung 1823 die Annahme von festen Familiennamen Vorschrift wurde, nahm Israel Levi den Namen Lichtenstein an. Seinen Vater betraf diese Vorschrift noch nicht, er blieb bis zu seinem Tod am 1. Februar 1810[108] der Schutzjude Moses Levi. Wann und woher er nach Weimar kam, um dort Handel zu treiben, ist nicht bekannt. In den Anzeigen des Weimarischen Wochenblattes wird er von 1784 an als *der Jude Levi* oft genannt. Sieht man seine Verkaufsanzeigen durch, so fällt einem die große Einförmigkeit seiner Angebote auf: Möbel wie Canapees, Bettgestelle, Tische und Stühle, Schreibsekretär und Großvaterstuhl, Koffer verschiedener Größen, häufig Federbetten, ab und zu ein Musikinstrument. Es hat sich wohl durchweg um gebrauchte Sachen gehandelt. Moses Levi war also ein Altwarenhändler oder, wie man damals sagte, ein Trödeljude. Zu Wohlstand hat er es damit nicht gebracht, er wird in den Kirchenregistern wiederholt als ein armer Jude bezeichnet, weshalb auch die Bestattungsgebühren erlassen oder herabgesetzt wurden. Er war verheiratet mit der um 1745 geborenen Sara Salomon. Ihre Kinder waren Julie, geboren 1772; Therese (Röse), geboren am 10. März 1775; Meyer, geboren am 15. Dezember 1775, gestorben am 24. Dezember desselben Jahres[109]; die Zwillinge Esther (Ernestine) und Caroline, geboren 19. Juli 1780, und, als jüngstes Kind, Israel, geboren am 28. März 1784.

Wo Moses Levi mit seiner Familie wohnte, ist nicht ersichtlich. Er scheint auf dem Elkanschen Friedhof bestattet worden zu sein. Seine Frau Sara war bereits am 7. Juli 1807 im Alter von 62 Jahren an Wassersucht gestorben.[110] Die Bestattungsgebühren von 3 Reichstalern und 25 Groschen wurden auf 2 Reichstaler 7 Groschen herabgesetzt, *da die Herrn Geistlichen ihren Antheil dem Juden Levi geschenkt hatten.*[111]

Weiter gebracht als der arme Vater hat es sein Sohn Israel, der sich schon in jungen Jahren dem Weimarer Publikum als Tanzlehrer für Kinder und Erwachsene empfahl. Zum erstenmal teilte er am 2. Oktober 1802 in der Zeitung mit, daß er im Söllnerischen Hause in der Jakobstraße die Tanzstunden eröffnen werde. Von September 1808 an fanden diese im Gasthof „Zum Alexanderhof“ in der Buttelstedter Straße statt, wohin er umgezogen war. Im Sommer 1812 war er auf Reisen, um zur gewohnten Zeit im September seinen Unterricht wieder zu beginnen.[112] Zu Weihnachten oder zur Faschingszeit fand ein Ball statt.

Am 5. November 1814 erwarb Israel das Bürgerrecht, seltsamerweise ist er im Bürgerbuch als Handelsmann bezeichnet. Wenige Jahre danach verheiratete er sich mit Friederike Lichtenstätter aus Walldorf bei Meiningen, geboren am 15. Februar 1791. Aus dieser Ehe gingen hervor: Moritz, geboren den 9. April 1818, gestorben den 8. März 1824; Leopold, geboren den 13. Juli 1819; Siegmund, geboren den 5. März 1821; Julius Levi, geboren den 14. März 1824; Seraphine, geboren den 6. Juni 1825, und Henriette (Jette), geboren den 22. Januar 1833.[113]

Aus seiner Matrikel ist ersichtlich, daß außer seinen Kindern auch seine vier Schwestern, Töchter von Moses Levi, bei ihm lebten: die schon genannte Julie, Baumwollspinnerin, gestorben 66jährig an Auszehrung; Therese (Röse), Strickerin, sowie die Zwillinge Ernestine (Ester), ebenfalls Strickerin, gestorben 1839 an Wassersucht, 63 Jahre alt („stilles Begräbnis“) und Caroline, die kränkelnd bei ihrem Bruder Israel Levi lebte, wie er es in seine Matrikel eingetragen hat. Später haben die Lichtensteins an der Ackerwand gewohnt, wie aus der Todesanzeige Israel Levis hervorgeht. Er starb am 18. Mai 1856 als Privatier im Alter von 76 Jahren und 3 Monaten *an Schlagfluß, welcher in Folge eines unglücklichen Sturzes in die Ilm bei Gelegenheit eines Spaziergangs herbeigeführt wurde. Er hinterließ die Ehefrau, zwei Söhne und zwei Töchter. Der Verunglückte litt an Epilepsie.* So steht es im Totenbuch der Stadtkirche.[114] Die Schicksale der hinterbliebenen Kinder lassen sich an Hand der Weimarer Adreßbücher und der Kirchenregister einigermaßen verfolgen.

Die beiden den Vater überlebenden Söhne (von Siegmund wissen wir gar nichts) waren Leopold und Julius Levi (später nur Julius genannt). Leopold war Musiklehrer in Frankfurt am Main, verheiratet mit Julie Marcuse. Ihre Tochter Johanne Marie Mathilde, geboren 1854 in Frankfurt, wurde getauft.[115]

Julius war Kaufmann und Hoflieferant, er hatte ein Geschäft für Manufaktur- und Modewaren, Mäntel und Mantillen in der Schillerstraße und war verheiratet mit Ottilie Götze aus Weimar, er mosaischen Glaubens, sie Protestantin. Im Jahre 1860, am 18. August, ließ er sich in der Stadtkirche taufen.[116] Bis zum Jahre 1872 wird er im Weimarer Adreßbuch geführt, 1876 wird seine Frau Ottilie als Witwe bezeichnet. In der Erfurter Straße 25 hatte sie ein Pensionat für junge Mädchen. Bis 1885 noch im Adreßbuch zu finden, ist sie dann anscheinend nach dem Berliner Lützowufer verzogen, wo sie am 6. Februar 1895 starb. Bestattet wurde sie in Weimar am 11. Februar 1895.[117]

Julius und Ottilie Lichtensteins Sohn Johann Franz, geboren am 1. September 1852, getauft am 3. Oktober desselben Jahres in der Stadtkirche zu Weimar,[118] Dr. phil. und außerordentlicher Professor an der Universität Breslau, ertrank beim Baden infolge Herzschlags auf der Insel Rügen am 4. August 1884 und wurde am 11. August in Weimar bestattet.[119] Seine Schwester Margarete, geboren 1855 in Frankfurt am Main, war auch getauft worden.

Die beiden jüngsten Kinder Israel Levi Lichtensteins, Seraphine und Henriette, werden 1865 als Inhaberinnen eines Buntstickereigeschäfts in der Breitengasse (heute Marktstraße) im Adreßbuch genannt, das ab 1876 als Tapisseriegeschäft in der Schillerstraße bestand.

Die Schwestern und Töchter Israel Levis blieben alle unverheiratet. Karoline starb achtundzwanzigjährig am 11. März 1860 an Entkräftung.[120] Seraphine wird 1890 zum letztenmal im Adreßbuch geführt, danach nur noch Henriette, die alle überlebte und 1903, in der Schröterstraße (heute Washingtonstraße) wohnend, darin genannt wird. Sie ist über neunzig Jahre alt geworden.

Grabstein für Levi Lichtenstein (1784–1856)
auf dem Jüdischen Friedhof in Weimar

Mit Levi Lichtenstein und seinen Nachkommen soll das Kapitel über die jüdischen Familien Weimars als den wichtigsten für die Zeit der Klassik und Nachklassik abgeschlossen werden. Nicht unterlassen soll aber sein, auf diejenigen Einwohner jüdischen Glaubens hinzuweisen, die außer den im vorliegenden Text behandelten in den Listen, die von Zeit zu Zeit dem Landrabbinat eingereicht werden mußten, aufgezählt sind, wobei uns hier nur die für die Jahre 1878, 1889 und 1893 zu interessieren haben. An Zahl sind sie stets gering geblieben. Sie sind in den Landrabbinatsakten Nummer 148 im Thüringer Hauptstaatsarchiv Weimar zu finden und enthalten Namen, die teils neu sind, teils wieder verschwinden oder auch in das neue Jahrhundert hineinreichen. Hier sei des Hofkapellmeisters Lassen gedacht, nach dem eine Straße in Weimar genannt wurde (heute im Stadtring [Trierer Straße] aufgegangen) und dessen eindrucksvoller Grabstein auf dem städtischen Friedhof zu finden ist, ferner die beiden Schwestern Strauß, die das Schuhwarengeschäft am Theaterplatz innehatten. Die Kaufleute Epstein, Heß, Peiser, Werner sind in der Liste von 1878 verzeichnet. Der Hofopernsänger Knopp und der Rechtsanwalt Katzenstein seien noch genannt, ohne daß diese Aufzählung damit vollständig ist. Ihre weiteren Schicksale sind nur zum geringsten Teil bekannt. Ihrer aller aber sei gedacht.

Der jüdische Friedhof in Weimar

Wie im ersten Kapitel dargelegt wurde, geht der Judenfriedhof in Weimar auf die Privatinitiative Jakob Elkans im Jahre 1774 zurück, der für den Todesfall in seiner Familie von Herzogin Anna Amalia ein Stück Landes für eine eigene Begräbnisstätte erbat. Als hätte er geahnt. daß er sie bald würde benutzen müssen, starb ihm schon im Mai 1775 eines seiner Kinder: seine Tochter Esther. Im Totenbuch der Stadtkirche heißt es unter dem 29. Mai dieses Jahres: *Herrn Jacob Elckans, Fürstl[ichen] Hof Judens Töchterlein ist übern Schallthor in dem hierzu erkauften Garten beerdigt worden.* Die Bezeichnung *über dem Schallthor* meint die noch heute so genannte Durchfahrt gleich oberhalb der Sternbrücke für die von der Kegelbrücke kommenden Wagen zur Straße Am Horn, von der sich einstmals die alte Fahrstraße nach Jena abzweigte. Sie wird später in den Totenbüchern nicht mehr gebraucht, man verwendete sie im Mai 1775 wohl, um den noch unbekannten Judenfriedhof allgemeinverständlich zu kennzeichnen. Später heißt es in den Eintragungen *auf ihr erkauftes Fleck,* noch später *auf dem Juden-Gottesacker.*

Noch eine weitere Bestattung fand dort 1775 statt: am 24. Dezember wurde des Schutzjuden Levi Moses Wochensöhnlein begraben. Knapp ein Jahr später verlor Gabriel Ulmann zwei Kinder: am 15. November 1776 wurde ein Söhnlein, am 29. November ein Töchterlein bestattet, letzteres neben Elkans kleiner Tochter Esther. Gabriel Ulmanns Enkel Moses, das vierte Kind seines

Sohnes Ephraim, als Wochenkind am 7. August 1803 geboren und gestorben, *liget* – so hat es der Totengräber Johann Tobias Bielcke in sein im Stadtarchiv aufbewahrtes Begräbnisverzeichnis eingetragen – *hinter den Juten Garten, an der Ecke an Stacket an, nach der Jenaischen Straße rieber, auf dem Herrschaftl[ichen] Flecke* – also außerhalb des Elkanschen Friedhofs. Wie wir uns diese befremdliche Tatsache zu erklären haben, darüber gibt uns die Akte 4333 des Hofmarschallamtes im Thüringer Hauptstaatsarchiv Weimar nur unzureichend Aufschluß. Dort befindet sich Gabriel Ulmanns an Herzog Carl August gerichtetes Gesuch um Bewilligung eines Stückes Land nahe dem Elkanschen Begräbnisplatz zur Bestattung seiner Toten. In seinem Bittschreiben vom 12. Juli 1807 bezieht er sich auf die Erlaubnis des Herzogs, sein vor vier Jahren, am 7. August 1803 geborenes und gestorbenes Enkelkind Moses *neben dem ehemaligen – schon vor dieser Zeit nicht mehr brauchbaren – jüdischen Begräbnisplatz beerdigen zu dürfen,* und auf die gleiche Gnade des Herzogs bei einem späteren Todesfall. Damit ist offenbar die am 14. Januar 1807 erfolgte Bestattung eines im Siechenhaus verstorbenen fremden Juden Joseph Goldacker gemeint, von der Bielcke schreibt: *liegt vor den Juden Gottesacker, bei den Tannen Bäumigen, neben Ulemann seinem Kinde.* Im Totenbuch der Stadtkirche ist der Fremde als *Joseph Jacob Glück aus Reichenberg in Franken* geführt.

Ulmanns oben erwähnte Begründung seiner Bitte um einen eigenen Begräbnisplatz *neben dem ehemaligen, schon vor dieser Zeit nicht mehr brauchbaren jüdischen Begräbnisplatz* ist verwunderlich. In den Jahren 1795 und 1801 waren dort drei Kinder Jacob Lösers, 1804 ein Kind Jacob Elkans und am 4. Juni 1805 Jacob Elkan selbst beerdigt worden. Sollte Ulmann gemeint haben, die Elkansche Begräbnisstätte, die in dieser Frühzeit den alten Grundrissen zufolge in der Tat nur einen kleinen nordöstlichen Teil des ganzen von ihm erworbenen Grundstückes einnahm – das übrige war Garten, den man später für die Bestattung der Toten ebenfalls benutzte –, sei schon besetzt gewesen? Oder war der wahre Grund für die Bestattung von Ulmanns kleinem Sohn und für die des fremden Juden in der alten Feindschaft zwischen den Elkans und den Ulmanns zu suchen, die die Veranlassung für die Elkan-Lösersche Bittschrift von 1791 an den Herzog gewesen war?

Ulmann bat den Herzog, nun einen Zaun um diesen Ort, wo doch schon einige Tote lägen, machen zu dürfen und ihm das Stück gegen Entrichtung eines jährlichen Erbzinses zu überlassen. Darauf wurde der Gartenbauschreiber Carl Gentzsch am 15. Juli 1807 angewiesen, den Elkanschen Begräbnisort zu vermessen und anzuzeigen, wieviel an Rutengehalt man Ulmann überlassen könne und was an jährlichem Erbzins darauf zu legen sei. Einen kleinen Ocularriß über die genaue Lage und Größe des Elkanschen und des von Ulmann – nach gemeinsamem Besuch an Ort und Stelle – erbetenen Begräbnisplatzes solle er baldigst anfertigen und einreichen. Gentzsch gibt darauf die gewünschte Auskunft und reicht seinen sauber gearbeiteten und leicht kolorierten Riß ein. Dieser zeigt, daß der größte Teil des 1774 von Elkan erworbenen Besitzes als Garten bezeichnet ist und nur ein vier Quadratruten[121] großes, schmales Rechteck a. b. c. d. an der Nordostseite als Begräbnisplatz diente. Es ist dasjenige Stück, an dessen Ostseite achtzehn Jahre später der Kanzlist Geist sein Haus baute, das noch heute dort steht. Das Ulmannsche Stück ist auf dem Riß mit zwölf Quadratruten angegeben (e. f. g. h.) und befindet sich an derselben Stelle, an der es bis heute auf den Plänen des Liegenschaftsdienstes eingetragen ist, also in voller Breite an den Nordrand des Elkanschen Begräbnisplatzes und Gartens anschließend. Die Elkans hatten sich offensichtlich mit ihren Gräbern bewußt den Blicken der auf der Leibnizallee Vorübergehenden so weit wie möglich entzogen. Erst später, als der Platz voll belegt war, wurde auch der Garten für Bestattungen benutzt, bis auf einen schmalen westlichen Streifen, den Jacob Elkan aber zum Verkauf anbot. Es ist das Stück, das an das heutige Beckersche Haus grenzt.

Der Jüdische Friedhof in Weimar 1807
Kolorierter Riß von C. Gentzsch (Ausschnitt) THSAW

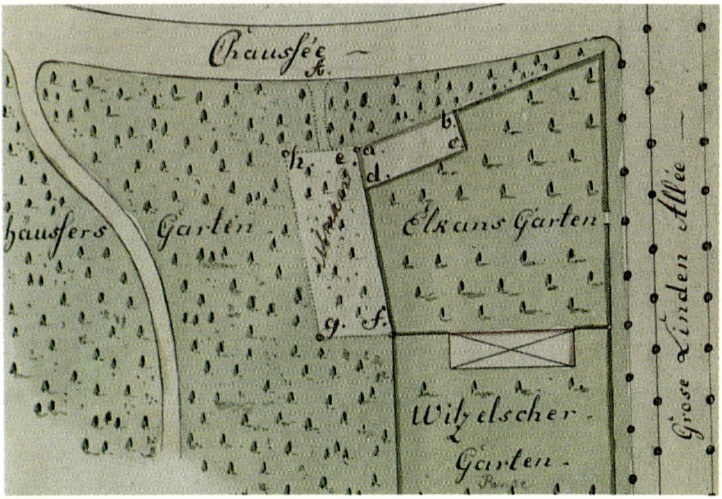

Der Jüdische Friedhof in Weimar 1853 (Ausschnitt)
Nach Katasterunterlagen

Ulmanns Begräbnisplatz grenzt nach Norden an den vormaligen Rothäuser Garten, der damals mit Fichten und Birken bestanden war, wie der Elkansche Teil auch.

In seinem von der Bau- und Parkkommission angeforderten ergänzenden Bericht gibt Gentzsch noch an, wie es mit dem Zugang dorthin aussieht. Ein schmaler 5 Fuß breiter Rasenweg führe von der Chaussee, wo man ihn gar nicht bemerke, über den Rothäuser Garten durch die Fichten dorthin. Die Bau- und Parkkommission äußert sich befriedigt darüber, daß man von dem Ulmann zugesprochenen Fleck nichts zu sehen bekomme, *weil er mitten im Holze liegt, und es ist dieses Fleck in dieser Hinsicht zu einem Begräbnisplatz der schicklichste Ort.* Die von 1825 ab anfallenden Akten des Hofmarschallamtes werden zeigen, in was für unangenehme Situationen dieser Platz später kommen sollte.

Von einer Besteuerung und von Erbzinsen glaubt man für Ulmann absehen zu können, weil der Rothäuser Garten, dem das Stück ja entnommen sei, bereits einen Lehns- und Zinsherrn besitze und der auf Ulmann entfallende Anteil so geringfügig sei – 1/4 Pfennig Steuern und 1/48 Michelshuhn![122] –, daß man darauf verzichten wolle.

Unter dem 14. Juni 1808 erteilt Herzog Carl August seine Genehmigung für die Überlassung des Platzes an Ulmann, eine Woche später wird dies Ulmann und Gentzsch mitgeteilt, dem letzteren mit der Anweisung, Ulmann die 12 Quadratruten zuzumessen und zu übergeben sowie das Stück zu *versteinen* (also mit Grenzsteinen zu versehen). Am 29. Dezember teilt Gentzsch der Baukommission den Vollzug dieses Befehls mit.

Bereits am 26. April 1808 wurde Gabriel Ulmanns Enkel Jacob dort bestattet, seines Sohnes Ephraim ältestes Kind, das im Alter von sieben Jahren und zwei Monaten an einem Nervenfieber verstorben war. Das Totenbuch der Stadtkirche vermerkt *auf allhiesigem Judenkirchhofe,* aber in Bielckes Verzeichnis heißt es unmißverständlich: *liegt in seinem Fleck, den Juden Gottesacker zur linken seyte, und unter der Frau Levin, mehr links.*

Frau Sara Levi, des Schutzjuden Moses Levi Ehefrau, war am 8. Juli 1807, *den fremden Juden Goldacker zun Füßen, auf ihren Gottesacker* begraben worden, was wohl die schon geäußerte Vermutung stützt, daß die Levis zur Verwandtschaft der Ulmanns gehörten. Gabriels Ehefrau Breine Ulmann war eine geborene Levi.

Am 15. Dezember 1808 starb bereits wieder ein Ulmann-Kind an Nervenfieber, der dritte Sohn Ephraims. Der knapp dreieinhalb Jahre alte Leopold *liegt in seinem Theil, den Juden Gottesacker zur linken seyte, und neben seinen vorigen zur rechten seyte.*[123]

Moses Levi folgte seiner Ehefrau am 1. Februar 1810 und *liegt auf ihren Gottesacker über den 2 Leichsteinen mehr links.* Am 22. Dezember 1811 trägt Bielcke in sein Verzeichnis ein: *Levi, den Juden sein Schwesterkind liegt 1 Ehle hinter Levi seinen Stein – rechter Hand bald das 2. Grab.* Am 15. Januar 1814 starb auch Ephraim Ulmanns älteste Tochter Julia, vierzehn Jahre alt, an Nervenfieber und wurde nahebei begraben.

Schließlich wurde Gabriel Ulmann, *Großherzog-l[icher] Hofcommissair und Banquier,* am 16. April 1816 beerdigt, *der Jungfer Uhlmann zur lincken seyte;* zwei Jahre später starb, 82 Jahre alt, *an Schwäche* seine Ehefrau Breine, die am 31. März 1818 *mitten über ihren Mann und Tochter* bestattet wurde. Über Ephraim Ulmanns Beerdigung im Jahre 1830 ist bereits ausführlich berichtet worden.

Im Jahre 1825 und anschließend gab es im Hofmarschallamt wieder Veranlassung, sich mit dem Elkanschen und dem Ulmannschen Begräbnisplatz zu befassen und Lage und Größe beider innerhalb ihrer sich verändernden Umgebung auf Grundrissen festzuhalten.[124]

Wie sah es damals dort oben aus? Im Jahre 1823 hatte das Hofmarschallamt einen erheblichen Teil des ehemaligen Rothäuser Gartens an den Garten der Erholungsgesellschaft, der nördlich angrenzte, abgegeben, so daß dieser sich nun in breitem Streifen von unten an hangaufwärts bis zu der die Linden-Allee (später Webicht-, dann Leibniz Allee) mit der Jenaischen Straße verbindenden Chaussee, der heutigen Musäusstraße, erstreckte. Bald danach wurde der südlich anschließende, noch dem Hofmarschallamt gehörende Streifen abgeholzt und für die Hofwirtschaft als Bleich- und Wäschetrockenplatz eingerichtet, dessen Zufahrt von der Kegelbrücke und der Jenaischen Straße her oben an der Chaussee durch ein Tor erfolgte, das sich also in unmittelbarer Nähe des Zugangs zu Ulmanns Begräbnisplatz befand, der in seiner ganzen Länge durch ein den Trockenplatz abgliederndes Staket an ihn grenzte. Diese Sachlage hat in jener Zeit offenbar nicht zu Unannehmlichkeiten geführt.

Einschneidend hingegen war eine weitere Veränderung im Jahre 1825, die noch heute besteht: Großherzog Carl August genehmigte dem erbgroßherzoglichen Hofbedienten Geist, der das Jahr zuvor *mit seinem Gesuch um den zum Park gehörenden Rand unter dem Rudolphischen Garten über der Schloßbrücke zu einem projectirten Hausbau wegen Unschicklichkeit des Lokals abschlägig beschieden* worden war, zum Bau eines Hauses dasjenige Stück des dem Hofmarschallamt gehörigen Teils, das *zwischen den Elkan-Ulemannischen Begräbnisplätzen und der Querchaussee wegen seiner Schmäle und unpassenden Figur außer der Befriedigung des Trockenplatzes* geblieben war. Er gewähre, so äußert sich der dem Großherzog vortragende Beamte, *dermalen nur einen Sammelplatz zu allerhand Unreinigkeiten und Übelstand, die neben den ebenfalls unzierlichen jüdischen Begräbnisplätzen durch den Geistischen Vorbau eines Wohnhauses ausgeschlossen und versteckt werden könnten.* Die Bezeichnung *unzierlich* setzt zunächst in Erstaunen, darf aber wohl nicht überbewertet, nicht als unordentlich oder unreinlich verstanden werden, da ein solcher Zustand der Ehrfurcht der Juden vor ihren Friedhöfen, den *guten Orten,* wie sie noch heute genannt werden, widersprochen hätte. Vielleicht wirkten sie wegen ihres Mangels an Schmuck, den die Juden ja für ihre Gräber ablehnen, vielleicht auch wegen der Gleichförmigkeit der Grabsteine und ihrer fremdartigen hebräischen Inschriften wenig anziehend, ja abstoßend, wie ja das Fremdartige leider oft abstößt.

Geist erhielt den Platz für seinen Hausbau unentgeltlich. Den von der Hausbreite übrigbleibenden Zipfel bis zur Lindenallee wünschte das Hofmarschallamt *entweder so wie er ist oder nach einer schicklichen Terrainaustauschung an Elkan, mitzuübergeben, je nachdem die religiösen Meinungen der anstoßenden Eigentümer sich vereinigen lassen.* Unter dem Elkanschen Tauschobjekt stellte es sich ein zweieinhalb Quadratruten[121] großes, zu dem Begräbnisplatz gehörendes, eingezäuntes Stück vor, angeblich das, auf dem Ulmann einst sein frühverstorbenes Kind und einen fremden Juden mit Erlaubnis des Herzogs hatte begraben lassen, ehe er einen eigenen Friedhof besaß. Zu diesem, so gibt Gartenbauinspektor Weise an, habe Ulmann dann das Stück nicht hinzugezogen, und Elkan habe es mit seinem Begräbnisplatz vereinigt. Weise fußt auf dem angeblich *etwas undeutlichen Bericht des verstorbenen Gartenbauschreibers Gentzsch,* dessen Gutachten und völlig klarer und eindeutiger Riß uns in den Akten vorliegt. Weise hat ihn mißverstanden und seinen Riß fehlerhaft angefertigt, wie sich überhaupt in diesen 1825er Jahren mehrfach zeigt, daß man sich nicht mehr genau über die Vorgänge und Besitzzuweisungen von 1774 und 1807/08 im klaren war.

Daß die Elkansöhne Julius und Alexander auf die Abgabe eines Friedhofstücks (einmal ist sogar von den ganzen vier Quadratruten die Rede!) zu Gunsten Geists im Tausch gegen das unglücklich verlaufende spitze Stück längs der Chaussee nicht eingingen, nicht eingehen konnten, da für die Juden jede Begräbnisstätte unantastbar ist, liegt auf der Hand, *und es behielten beide das Ihre,* wie der amtliche Bericht lakonisch hinzufügt. So können wir noch heute verwundert den sonderbaren Zipfel, der zu dem ehemals Geistschen Hause gehört, bis zur Leibnizallee betrachten, eingegrenzt auf der Innenseite durch die Mauer des Friedhofs, auf der Außenseite längs der Musäusstraße ebenfalls durch eine Mauer.

Geist erbaute sein Haus noch im Frühjahr 1825. Der Elkansche Begräbnisplatz grenzte nun, schon vorher von einem Staket umzogen, an diesen fremden Besitz und hatte seine gute Geborgenheit verloren. Und so ist es bis heute geblieben, das Staket ist allerdings verschwunden.

Aus dieser engen Nachbarschaft haben sich in der Folgezeit mancherlei Unzulänglichkeiten und Ärgernisse für die Elkans und Ulmanns ergeben. So verweigerten die Elkans im Herbst 1833 die weitere Zahlung des seit 1774 entrichteten Erbzinses, da sie meinten, ein Teil ihres Begräbnisplatzes sei dem Geistschen Besitz zugezogen worden. Eine genaue Vermessung wurde von der Behörde angeordnet und mit den ursprünglichhen Maßen verglichen, was zu dem Ergebnis führte, daß die neuen Resultate mit den alten genau übereinstimmten.[125] In den in der Akte enthaltenen Verhandlungen und Berichten kommt nun der Name Elkan nicht mehr vor. 1839 war Julius Elkan verstorben, von da an war der jüngere Bruder Alexander der Besitzer des Friedhofs. Auch der sich unbegreiflich lange hinschleppende, viele Aktenseiten füllende Skandal, verursacht von den Küchenabwässern der Kaserne, die in einem teilweise offenen Kanal quer über die Lindenallee und von da längs der Chaussee am Geistschen Hause entlang sich in eine daneben befindliche, an den herrschaftlichen Trockenplatz grenzende übelriechende Grube ergossen, hat die Elkanschen Besitzer offenbar nicht zum Protest veranlaßt. Ihr Friedhof lag ja nicht in unmittelbarer Nähe der Kloake, und der Eingang zu ihrem Grundstück befand sich in der die Lindenallee entlangziehenden Mauer. Geist und die übrigen Umwohner an der Chaussee litten indessen schwer unter diesen durch die Abwässer verursachten ärgerlichen und unhygienischen Verhältnissen und protestierten dagegen. Die vom Hofmarschallamt durchaus als notwendig erkannten Verbesserungen wurden indessen immer von einer Behörde der anderen zugeschoben, und 1874 war der Übelstand noch immer nicht beseitigt. Unmittelbar betroffen waren die Ulmanns, und ihre Gesuche, verfaßt und eingereicht von Dr. med. Claudius Ulmann für sich und seine beiden Schwestern, sind in den Hofmarschallakten von 1849 an enthalten. Der Zugang zu ihrem Begräbnisplatz war immer noch der schmale, aus dem Gentzschen Riß ersichtliche Fußweg, der ursprünglich noch durch den Rothäuser Garten führte, jetzt sich zwischen dem Wäschetrockenplatz und dem Geistschen Besitz hinzog. Dieser Zugang habe sich, so Claudius Ulmann, durch die von Geist vorgenommene Ausdehnung seiner Holzschuppen und durch die Ausmündung einer Kloake als höchst mißlich und gefühlsverletzend herausgestellt. Daher möchten sie gerne eine neue Tür durch ihre vom Trockenplatz begrenzte Mauer brechen lassen, so daß ihnen die Passage durch den oberen Teil des Trockenplatzes bis zu der geplanten Tür gestattet werden möge oder daß ihnen vielleicht dieses zum Fußstege nötige Stückchen käuflich überlassen werde.

Das Hofmarschallamt lehnte Ulmanns Bitte am 16. Oktober 1849 ab. Eine einfache Lageskizze war beigefügt.

Claudius Ulmann aber gab nicht auf. In einem zweiten Schreiben vom 14. November 1851, diesmal an das Staatsministerium gerichtet, wiederholte er in seinem und seiner Geschwister Namen das Gesuch, in dem er kurz und sachlich die Geschichte des seinem Großvater Gabriel Ulmann laut Reskript vom 28. November 1807 durch die Herzogliche Kammer erbzinsweise überlassenen Grundstücks darstellte. *Dasselbe erhielt eine Befriedigungsmauer und stand anfänglich von allen Seiten frei. Später wurde das Geistsche Wohnhaus der Ostseite der Mauer entlang angebaut, und seitdem entstand der Übelstand, daß der Eingang zum Friedhof unwürdig verengt, und da er an einer oft austretenden Kloake vorbeiführt, zu gewissen Zeiten des Sommers ohne Erregung des widrigsten Eindrucks nicht zu begehen ist.* Ulmann wiederholt nun den 1849 bereits geäußerten Wunsch, den Eingang an die Nordseite der Mauer zu verlegen, wofür er als Zugangsweg den Kauf eines kleinen Stückchens des Trockenplatzes erbittet oder, wenn dieser nicht gewährt werden könne, gegen eine erbzinsweise zu erlegende Entschädigungssumme die Anlegung und Benutzung eines schmalen Verbindungsweges durch den Trockenplatz zu gestatten. Das Gesuch wird wieder abgelehnt.

Im Jahre 1864 macht Claudius Ulmann einen dritten Vorstoß. Er weist darauf hin, daß die nach Osten gelegene Eingangstür infolge der bereits geschilderten Übelstände so schwer passierbar und so unwürdig sei, daß er und seine Geschwister diese Tür vermauern und eine neue am östlichen Ende der nach Norden gelegenen Umschließungsmauer (also gar nicht weit von dem alten Eingang entfernt!) öffnen lassen wollen. Da man zu dem neuen Eingang nur durch das Gatter, das sich an der Ostseite des Großherzoglichen Trockenplatzes befindet, auf einer 25 bis 30 Fuß langen Strecke dieses Graslandes gelangen kann, bittet Ulmann um die Mitbenutzung dieser Gattertür und um die Erlaubnis zur Anlegung eines kurzen Sandweges im Trockengarten gegen Kauf oder Erbpacht, im Falle der Nichtgestattung aber wenistens um die Mitbenutzung des Tores und das Betreten des Trockenplatzes gegen entsprechende Entschädigung.

Der käufliche Erwerb dieses winzigen Streifens im Trockengarten wird verweigert, aber der Familie Ulmann bis auf Widerruf gestattet, einen Weg durch das Gatter des Trockengartens bis zu der geplanten neuen Friedhofstür anzulegen und sich zur Benutzung des Weges einen Schlüssel zum Gattertor anfertigen zu lassen. Claudius Ulmann dankt erfreut und verspricht, aus der Benutzung dieses Weges keinerlei Rechte auf dem Grunde der Verjährung abzuleiten.

Der neue Eingang durch die nördliche Friedhofsmauer dürfte seiner Lage nach ungefähr dem jetzigen Eingang zu dem immer noch dem Grundbuch nach Ulmannschen Friedhof entsprechen. Die Akte schließt mit der amtlichen Wiedergabe vom 21. November 1898 einer uns noch heute interessierenden Mitteilung des Mundkochs Hoffmann, dem man 1873 ein Stück des herrschaftlichen Wäschegartens zu einem Hausbau überlassen hatte. Er meldete, daß ein Stück Mauer am

Judenfriedhof einstürze und daß man beabsichtige, anstelle der Mauer ein Staket herzustellen. Daher frage er an, ob das nach den früheren Verhandlungen zulässig sei. Daraufhin wurde ihm mitgeteilt, daß die Durchsicht der früheren Verhandlungen betreffend die Elkansche und die Ulmannsche Begräbnisstätte ergeben habe, daß nichts darüber aufzufinden sei, daß eine Verpflichtung bestehe, die Umfriedung des Judenfriedhofs nur durch eine Mauer zu bewirken.

Es hat sich hier offenbar um ein Mauerstück längs der Nordseite des Ulmannschen Begräbnisplatzes gehandelt, denn das allein konnte Hoffmann ja interessieren. Die Friedhofsmauer des Elkanschen Teils an der heutigen Leibnizalle hat nachweislich noch in den sechziger Jahren unseres Jahrhunderts gestanden, mit einem Eingangstor etwa in der Mitte. Als sie zu verfallen drohte, schüttete der Rat der Stadt Sand dagegen, bis sie schließlich von dem damaligen Nutznießer des Grundstücks durch einen Lattenzaun ersetzt wurde. Der Eingang befindet sich seitdem an der Nordseite des Ulmannschen Teils. An dem Teil des schon von Jakob Elkan verkauften Gartenstücks ist die ursprüngliche Mauer aus Werksteinen bis vor kurzem erhalten geblieben, jetzt aber bis auf wenige Reste zerstört. Zwischen ihrem Ostende und dem Lattenzaun sind Garagen eingebaut.

Als die Hoffmannsche Anfrage vom Hofmarschallamt bearbeitet wurde, lebte in Weimar niemand mehr von den alten jüdischen Familien außer Helene geborene Elkan, geschiedene Cowen. Alexander Elkan, der sich den Behörden gegenüber als Besitzer des Friedhofs bezeichnet hatte, war bereits 1865 verstorben. Die Todesdaten von August Callmanns Witwe Cecilie geborene Hirschberg, von Amalie Elkan geborene Wernthal, Witwe von Jacques Elkan, und von Regine Clar geborene Friedmann, Witwe von Markus Clar, alle drei in den Todesurkunden ihrer Männer (1869, 1874 und 1875) als mosaischen Glaubens bezeichnet, konnten nicht ermittelt werden. Sie sind, ebenso wie Caroline Elkan, nicht mehr in die Totenbücher der Stadtkirche eingetragen worden. Daß sie im Alter noch ihren Glauben aufgegeben haben, ist nicht anzunehmen. Wahrscheinlicher ist, daß sie auf dem jüdischen Friedhof, auf dem ja auch ihre Angehörigen ihre Ruhestätte erhielten, bestattet worden sind und ihre Grabsteine, wie so viele andere, in unserem Jahrhundert vernichtet oder weggeschafft wurden. Caroline Elkans Grabstein mit dem Todesdatum 1890 ist 1962 noch auf dem jüdischen Friedhof gesehen worden.[126] So viel sich feststellen ließ, ist sie die letzte, die auf dem Friedhof bestattet worden ist. Ihre Erben, Robert Elkan und Helene Elkan, geschiedene Cowen, siedelten nach England über, und der Friedhof verwilderte. Des 1912 gestorbenen Robert Anteil gehört noch heute seinen hier völlig unbekannten Erben. Erkundigungen in England haben zu keinem Ergebnis geführt. Seiner 1932 verstorbenen Schwester Helene Erben verkauften ihren Anteil an den Weimarer Architekten Julius Müller, in dessen Händen er auch in der Zeit des Faschismus blieb.

Was später dort geschah, ob die Zerstörer und Schänder jüdischen Besitzes ihn als Garten eines nichtjüdischen Eigentümers verschonten, ob sie wie viele Einwohner der Stadt gar nichts von seiner Existenz wußten oder ob sie, wie ein Anwohner sich zu besinnen meint, die Grabsteine, die damals noch in größerer Anzahl vorhanden waren, schon Anfang der dreißiger Jahre umgeworfen oder zerschlagen haben, darüber besteht keine Klarheit. Sicher ist aber, daß darüber Erde geschüttet und Futter angebaut wurde.

Nach Julius Müllers Tode im Jahre 1952 verkaufte seine Witwe den Anteil ihres Mannes weiter. So ist er bis heute nacheinander in mehrere Hände gekommen, nach dem Verkauf 1952 sorgsam aufgeräumt. Der Rest der Grabsteine wurde aufgehoben und an die Ostmauer gebracht, wo die Verfasserin sie teils stehend, teils im herangewachsenen Gebüsch liegend, fand, immer mehr der Verwitterung und dem Überwachsenwerden preisgegeben.

Die Verfasserin hat dann die noch vorhandenen Grabsteine auf dem 926 Quadratmeter großen, als pri-

Grabstein für JULIUS ELKAN (rechts) und HENRIETTE ELKAN geborene Seebach, Alexander Elkans Frau, an der Mauer zur Musäusstraße vor Wiederherstellung des Friedhofes

Rest der Mauer des Jüdischen Friedhofes an der Leibnizallee
Sie wurde kurz vor den Wiederherstellungsarbeiten abgerissen

vaten Obstgarten genutzten, Elkanschen Friedhof untersucht: die drei im Gebüsch verborgenen, die beiden an der Ostmauer stehenden und vor allem die als Fragmente mit zum Teil ausgezeichnet erhaltener hebräischer Inschrift auf der Trennmauer zwischen dem Elkanschen und dem Ulmannschen Teil liegenden Platten aus rotem Sandstein. Sie wurden erfaßt und zum größten Teil identifiziert. Nach ihrer Reinigung und fotografischen Aufnahme galt es, Überlegungen anzustellen, wie der gefundene Bestand zu retten und das Ganze in einen würdigen Zustand zu versetzen sei. Außerdem mußten die beiden Grabsteine aus dem Anfang des 19. Jahrhunderts mit Einwilligung und auf Veranlassung der Jüdischen Gemeinde in Erfurt von dort zurückgebracht und mit den acht auf dem Elkanschen und dem Ulmannschen Friedhof aufgefundenen Grabsteinen nach einer Planskizze der Verfasserin angebracht werden.[127]

Über die Geschichte des Weimarer Jüdischen Friedhofs, über die Verknüpfung der dort Bestatteten mit dem klassischen und nachklassischen Weimar und über seinen derzeitigen Zustand wurden die Jüdische Landesgemeinde Thüringen, der Rat der Stadt Weimar, Abteilung Kultur, sowie das Denkmalaktiv laufend unterrichtet und für den Plan gewonnen, den Robert Elkans unbekannten Erben gehörenden Teil des Elkanschen Friedhofs wieder herzurichten und zu einer auch der Allgemeinheit zugänglichen Gedenkstätte zu gestalten. Dieser Plan fand allgemeine Zustimmung, ließ sich aber nur langsam verwirklichen. Bestimmt wurde dazu der nach der Leibnizallee zu gelegene 235 Quadratmeter große Teil, der gegen den in privater Hand verbleibenden durch einen parallel zur Straße verlaufenden Zaun abzugrenzen war.

Zunächst wurden das Gelände gesäubert, alle auf dem ursprünglichen Gesamtfriedhof erhaltenen Grabsteine zusammengetragen, ein zwei Meter hoher Drahtzaun aufgerichtet, der im Frühjahr 1984 begrünt werden sollte. Zwischen zwei aus originalem Material der ehemaligen Mauer errichteten Torpfeilern am

Der Jüdische Friedhof in Weimar nach der Wiederherstellung

Seite 112
Heutiger Eingang zum Jüdischen Friedhof in der Leibnizallee

ursprünglichen Eingang längs der Leibnizallee – an ihr soll der jetzige Lattenzaun wieder durch die alte Mauer ersetzt werden – wurde die wiedergefundene schmiedeeiserne Eingangstür angebracht. Nach Abschluß der handwerklichen Vorarbeiten im Herbst 1983 wurden die zehn Grabsteine aufgestellt und im Boden verfestigt, jüdischem Brauch nach mit der hebräisch beschrifteten Seite nach Osten gerichtet.

Es sind dies, von Osten nach Westen aufgezählt, die Steine für Gabriel und für Ephraim Ulmann, die beiden aus Erfurt zurückgeholten für Julia Ulmann und für Meir Elkan, die für Julius Elkan und für Henriette Elkan, die Frau seines Bruders Alexander, und zu dritt nebeneinander die für Levi Lichtenstein, August Callmann und Markus Clar. Etwas seitwärts steht außerdem das Fragment des Grabsteins für Bertha Wernthal geborene Mey.

Hier
ruhet:
Markus
Clar,
d. 10. Mai

Einweihung des wieder hergestellten Jüdischen Friedhofes in Weimar am 20. November 1983, mit Dr. Eva Schmidt (Pfeil)

Seite 114
Grabstein für Markus Clar auf dem Jüdischen Friedhof

Am 20. November 1983 fand die feierliche Übergabe des Jüdischen Friedhofes als Gedenkstätte und Mahnmal durch Oberbürgermeister Professor Dr. habil. Gerhard Baumgärtel statt. Sie erfolgte anläßlich des 45. Jahrestages der Pogromnacht („Kristallnacht“) der Faschisten am 9. November 1938 in Anwesenheit der Vertreter der Jüdischen Landesgemeinde Thüringens, des Rates der Stadt Weimar, der Kirche, der Presse und vieler interessierter Weimarer Bürger.

Herbert Ringer († 1988), Vorsitzender der Jüdischen Gemeinde Thüringen, spricht zur Einweihung des wieder hergestellten Jüdischen Friedhofes in Weimar am 20. November 1983 – Neben ihm Raphael Scharf-Katz, der nunmehrige Vorsitzende der Jüdischen Landesgemeinde Thüringen

Die Inschrift des nahe an der Eingangstür errichteten Gedenksteins, an den im Laufe der Feierstunde Blumengebinde niedergelegt wurden, lautet: *Den Lebenden zur Mahnung. Zum Gedenken an die Opfer des Faschismus 1933 bis 1945.* Sie war zugleich das Leitwort für die Ansprache des Oberbürgermeisters und die bewegenden Worte des Vorsitzenden der Jüdischen Gemeinde, Herrn Herbert Ringer. Dann folgte in hebräischer Sprache der Vortrag eines Synagogalgesanges und des Kaddisch, des jüdischen Totengebetes, durch Herrn Scharf-Katz.

So verband sich die Erinnerung an die auf diesem Friedhof zur Ruhe gebrachten Weimarer Juden mit der an die in den Jahren des Faschismus umgebrachten Opfer.

Gedenken und Mahnung!

DEN LEBENDEN
ZUR MAHNUNG
ZUM GEDENKEN
AN DIE JÜDISCHEN
OPFER DES
FASCHISMUS
1933 – 1945
20. Nov. 1983
14. Kislew 5744

Grabstein für den im Weimarer Städtischen Krankenhaus verstorbenen, ehemaligen KZ-Häftling Josef Cygler (1900–1945) auf dem Städtischen Friedhof in Weimar

Seite 118
Gedenkstein an die Einweihung des wieder hergestellten Jüdischen Friedhofes in Weimar am 20. November 1983

Grabmal für Berta Moritz geborene Dotter († 1922) und
Dr. jur. Roderich Moritz (1851–1931), „Großherzogl<ich>
Sächs<ischer> Kommerzienrat und Hofbankier"
auf dem Städtischen Friedhof in Weimar

Anmerkungen

StadtA = Stadtarchiv Weimar
SWK = Stiftung Weimarer Klassik
THSAW = Thüringer Hauptstaatsarchiv Weimar
TfW = Taufbuch der Stadtkirche Weimar
TrW = Traubuch der Stadtkirche Weimar
TtW = Totenbuch der Stadtkirche Weimar
WA = Weimarer Goethe-Ausgabe

1 Judenschutzgeld = mittelalterliche Abgabe, die Juden an den König oder Landesherrn zu leisten hatten

2 Rabbinergericht = für die zugelassenen Juden geltendes Gericht (Siehe auch Anmerkung 5)

3 Seit dem zweiten Jahrhundert unserer Zeitrechnung gab es, vom Rheinland beginnend, dann über ganz Deutschland bis Böhmen und Polen sich ausbreitend, jüdische Gemeinden in vielen mittelalterlichen Städten. Gezielte Absonderungs- und Unterdrückungspolitik durch die Feudalmacht, jüdischerseits Beharren auf Eigenständigkeit in Religion und Brauchtum verhinderten eine Assimilation und verfestigten die Außenseiterstellung. Diese wiederum war günstiger Boden für Pauperisierung und manipulierte Verteufelung: vom frühen Mittelalter an gab es Pogrome, in denen jüdische Gemeinden dezimiert oder ganz ausgerottet wurden.
Mit dem 18. Jahrhundert, dem Zeitalter der Aufklärung und der bürgerlichen Revolutionen, beginnt endlich die Emanzipation der Juden. Die Deklarationen der Menschenrechte 1776 in den Vereinigten Staaten von Amerika und 1789 in Frankreich, die Toleranzerlasse Kaiser Joseph II. 1781, die preußischen Verordnungen von 1808 und 1812 sind das politisch-juristische Umfeld für die zum Teil vorangreifenden, zum Teil verzögerten Schritte in Sachsen-Weimar.
Der Handel, mit fortschreitender Kapitalisierung auch das

Verleih- und Bankgeschäft, war ein wichtiger Wirkungsbereich der Juden – allerdings gab es auch christliche Händler und Bankiers. Der ökonomische Platz des Handels zwischen Produktion und Verbrauch, erst recht natürlich der des Geldgeschäfts, blieb im Bewußtsein der bäuerlichen Massen unklar. Handel und Wucher gehörten in ihren Augen immer zusammen. Der Händler war sozialer Fremdling, denn er produzierte nicht, wußte von der Welt hinter dem Berge, war – oder zumindest schien — geistig überlegen. Dazu kam die andere Religion und der ökonomische Zwang, so daß der Handelsjude auch Wucher- oder Trödeljude genannt, häufig verhaßt war oder daß Haß auf ihn leicht zu manipulieren war.

Das Wort Wucher bedeutete ursprünglich den rechtmäßigen Gewinn aus Handel, ohne die im heutigen Sprachgebrauch gemeinte moralische Abwertung im Sinne von Übervorteilung oder Betrug. Campes Wörterbuch von 1811 vermerkt dazu, *in dieser allgemeinen Bedeutung gebraucht man es nur noch uneigentlich.* Offensichtlich ist also im beschriebenen Zeitraum die Bedeutungsabwertung des Wortes noch im Prozeß.

4 Nach Angaben von Fritz Hartung (siehe Literatur)

5 Der Amtssitz des Landrabbiners war Lengsfeld (heute Stadtlengsfeld). Auf die außerordentlich interessanten Akten des Landrabbinats im THSA Weimar kann hier nur hingewiesen werden. –
Rabbiner = jüdischer Schriftgelehrter, Gesetzes- und Religionslehrer, auch Gemeindevorsteher mit richterlicher Vollmacht, deshalb auch Rabbinergericht (Anmerkung 2) –
Adjunkt = Gehilfe, Amtsgehilfe

6 (Juden)matrikel – Matrikel = Aufnahmeverzeichnis, im Österreichischen = Personenstandsbuch

7 Diese Verordnung gab es bereits in einigen anderen Ländern. Bisher hatten sich die Juden biblische Namen gegeben und dem eigenen den des Vaters angefügt (zum Beispiel Gabriel ben Mosche), was zu vielen Wiederholungen, infolgedessen zu Schwierigkeiten bei der Identifizierung und Erfassung, führen konnte. Einigen Familiennamen sieht man heute nicht mehr an, daß sie ursprünglich biblische Namen waren, wie Elkan (hebräisch Elkana) und Löser (von Eleazar oder auch Elieser).

8 Der volle Wortlaut ist: *In der gewissen Erwartung, daß Unsere sämtlichen Untertanen den Hauptzweck dieses Gesetzes richtig auffassen und denselben, ein jeder nach seinem Vermögen und bei ihm sich darbietender Gelegenheit, tätig fördern, daß Unsere christlichen Untertanen sich hierbei den Vorschriften ihrer zur Duldung und Liebe auffordernden Religion erinnern, daß Unsere den jüdischen Glauben bekennenden Untertanen selbst und zunächst die gebildeteren unter ihnen sich mit allem Eifer*

befleißigen werden, durch strenge Gesetzlichkeit und Rechtlichkeit, überhaupt durch Beispiel auf ihre Glaubensgenossen wohltätig einzuwirken und somit Unsere fernere Gnade verdienen, haben Wir das gegenwärtige Gesetz eigenhändig vollzogen und mit Unserem Großherzoglichen Staatssiegel bedrucken lassen, begehren auch, daß solches, nach seiner verfassungsmäßigen Bekanntmachung im Regierungsblatt, von Unseren Landesbehörden pflichtgemäß zur Anwendung gebracht und streng gehandhabt werde.

9 THSA Weimar B 2128

10 Thora (auch Tora) = „Lehre"– Die fünf Bücher Moses, für den gottesdienstlichen Gebrauch auf Pergamentrollen geschrieben, mit Geräten und Schmuck ausgestattet und im Thora-Schrein verwahrt. Unbrauchbar gewordene Thora-Rollen wurden bestattet.

11 Schofar, soviel wie Widderhorn, Blasinstrument des jüdischen Kults

12 Daß schon 1756 ein Jacob Elkan von Herzog Ernst August Constantin, Anna Amalias frühverstorbenem Gemahl, zum Hoffaktor, Agenten und Kommissionär ernannt worden sei, ist verschiedentlich in der Literatur mitgeteilt worden, läßt sich aber quellenmäßig nirgends belegen. Auf keinen Fall kann es sich dabei um den 1770 zugezogenen Jacob Elkan, Anna Amalias Hofjuden, handeln, der 1756 höchstens 14 Jahre alt gewesen ist und sich später ausdrücklich als den ersten vom Hofe nach Weimar gezogenen Juden bezeichnet hat.

13 TtW für 1805–14, Seite 15

14 TtW für 1756–91, Seite 232

15 TtW für 1756–91, Seite 237 und für 1791, Seite 1

16 Reichstaler (rt., Rt., Rthlr.) war eine seit 1566 geprägte Großsilbermünze zu 24 Groschen (gr.) zu 12 Pfennige mit einem Silbergehalt von 25,98 Gramm. Nach 1667 wurde der Reichstaler in dieser Form kaum noch geprägt. sondern als Zwei-Drittel-Taler-Stück, für das die Bezeichnung „Gulden" sich einbürgerte. Der Begriff Reichstaler übernahm die Funktion einer Zähleinheit für 24 Groschen.

17 Weimarer Häuserbuch von Wolfgang Huschke im THSA Weimar, Windischenviertel

18 THSA Weimar A 915–24 und A 1070

19 THSA Weimar B 26831

20 Lahn = dünner Metalldraht

21 WA Band 16, Seite 133

22 WA Band 16, Seite 429

23 WA Band 6, Seite 130

24 Die Beilage fehlt leider

25 WA Band 12, Seiten 2 und 3

26 Veröffentlicht in: Gespräche mit Goethe, herausgegeben von Biedermann, Vierter Band, Nummer 871, Leipzig 1889.

Hingewiesen sei auch auf die gründliche und vorurteilsfreie Schrift von Ludwig Geiger: Goethe und die Juden. Um 1890

27 WA Tagebücher Band 4, Seite 247 und Band 10, Seite 32

28 Näheres bei V. Bornemann (siehe Literatur)

29 Sechser = halber Groschen = 6 Pfennige

30 „Mark“ war damals keine Währungseinheit, sondern eine Gewichtseinheit. 1000 Mark fein entsprechen etwa 234 Kilogramm Reinsilber.

31 Gefördert wurden kleine Mengen Silber in Ilmenau bis 1796. – Bruchsilber = zerbrochener Schmuck, Silbergerät und ähnliches; Fadensilber = rückgewonnen aus Tressen von Uniformen und Livreen und aus nicht mehr verwendbaren Silberstickereien; Brandsilber = eingeschmolzenes Silber in Barren oder Kuchen

32 Wörtlich heißt es darin: ... *und machen uns hierbey verbindlich, alles Bruch- und Brandsilber, so wir in Fränkischen Landen einkaufen, gegen den gewöhnlichen Preiß in die Münze zu Eisenach treulich abzuliefern und zwar ohne allen Geldvorschuß ... wünschen aber hierbey, daß wir von der Abgabe des Paßgeldes befreyt seyn mögen ... und daß uns von jeder Schmeltzung ein halb Loth zur Contra-Probe abgegeben wird.* (THSA Weimar, Eisenacher Archiv, Münzsachen 101, Blatt 58 ff)

33 Ausgehend davon, daß von 1 Mark Feinsilber = 13 1/3 Taler (1 Taler = 24 Groschen; 1 Groschen = 12 Pfennige = 4 Dreier) geprägt werden, so entspräche das einer Menge von 1280000 Stück Dreier (Dreipfennigstücke).

34 THSA Weimar B 2495

35 Synagoge, Bad, Begräbnisplatz. Der jüdische Gottesdienst ist nicht an Tempel, Priester, Opfer gebunden, sondern nur an die betende Gemeinde. Deshalb muß Synagoge (wörtlich Versammlung) nicht eigenes Gebäude bedeuten, ein Raum genügt. Zum Gottesdienst gehört auch die rituelle Waschung, deshalb spezielles Bad.
Die Umgehung des Wortes Friedhof erklärt sich wahrscheinlich aus dem Sprachgebrauch, nach dem das Wort Judenfriedhof sowohl Begräbnisstätte der Juden als auch abwertend Begräbnisstätte für Nichtchristen und Selbstmörder bezeichnet.

36 *Es kommt uns an hiesigem Ort blos devotio domestica zu, nämlich das Recht, welches Einzelnen, nicht mehreren Personen ... zusteht, ihren Gottesdienst einsam und für sich und ihre Familie nach ihren Religionsbegriffen einzustellen* (= zu halten). *Diese häusliche Andacht steht jedem von uns vermöge der bürgerlichen Duldung zu ... Ein anderes exercitium religionis, welches in specie das Recht ist, religionem in societate sub ministerio pastorum in re publica colendi ... kann uns der hiesigen Landesverfassung gemäs von hochfürstlicher Regierung nicht erlaubt werden, ob wir es schon mit unterthänigem Dank annehmen würden.* (THSA Weimar B 2495)

37 Weiter heißt es in dem Vertrag vom 13. Februar 1789: *Diesen Begräbnisplatz, jedoch mit Ausschluß des an selbigem befindlichen Gartens, überläßt derselbe ebenfalls zum gemeinschaftlichen Begräbnis, unter der ausdrücklichen Bedingung, daß ihm vorerwähnter Aufwand jährlich mit 2 ½ % rt. verzinset und der darauf gelegte Erbzins von jährlich 3 rt. auf diese Summe vergütet wird.*

38 Vermutlich Kammerrat August Christian Kirms

39 *Actum Weimar den 30. August 1774*
Bey Fürstl[icher] Obervormundschafts-Cammer
alhier bringet dato der hiesige Hof- und
Schutz-Jude
Jakob Elckan
gehorsamst an: er könne bekanntermaßen nicht hoffen, daß, fallß sich in seiner Familie ein Sterbe-Fall ereigne, der Todte an eben dem Ort, welcher zum Begräbnis der Christen bestimmt sey, begraben werde. Er wünsche dahero gar sehr, ein besonderes Fleck zu gedachtem Behuf zu haben, und wolle Fürstl[iche] Obervormundschafts-Cammer hierdurch unterthänigst bitten, daß ihm ein dergleichen Fleck gegen Entrichtung eines leidlichen jährl[ichen] Canonis angewißen und überlaßen werden mögte.
(THSA Weimar B 8710)

40 *Dato erscheinet bey Fürstl[icher] Ober-Vorm[undschafts]-Cammer hieselbst der Fürstl[iche] Geh[eime] Canzelley-Diener Johann Heinrich Witzel, und bittet gehorsamst um die Überlassung des dem hiesigen Hof-Schumacher Zeumer zugehörigen Garten gegenüber gelegenen, an der Webichts Allee befindlichen Flecke zu Anlegung eines Gartens, wobey derselbe, daß er dem hiesigen Hof- und Schutz Juden Jacob Elkan ein Stück davon zum Begräbniß im Fall sich bey deßen Familie ein Sterbe-Fall ereignen sollte, abtreten wolle, declariret, und zugleich mit anzeiget, wie gedachter Hof-Jude auf der gegen ihn den Comparenten gethane Aeußerung, an Fürstl[iche] Ober-Vorm[undschafts]-Cammer hieselbst Einen Thaler jährlich pro Canone zu entrichten gesonnen sey.*
(THSA Weimar B 8710)

41 Canon (Kanon) = in der Rechtswissenschaft früher für festgelegte jährliche Geldabgabe, Erbzins

42 Michaelis = Fest des obersten jüdischen Erzengels Michael, Schutzengel Israels, Schlüsselbewahrer des Himmels, Drachentöter –
Michaelismesse = Herbstmesse

43 Informator = Hauslehrer

44 Schächten = nach jüdischen Kultvorschriften schlachten

45 Um die Lage, in der sie sich durch den gemeinsamen Informator befanden, zu verdeutlichen, heißt es weiter: *Auch die wenigen Stunden der Mahlzeit, welche uns unsere Geschäfte noch etwa zu einer vertraulichen Unterredung mit unseren Fa-*

milien übriglaßen, sollen wir in Gegenwart eines Menschen zubringen, welcher uns nicht nur unsere Speisen vergällt, sondern vor welchem wir kein Wort sprechen dürfen, aus Furcht, es möchte Ullmann hinterbracht werden, der alles zu seiner Schadenfreude und zu unserer Kränkung anwendet. Ich, der Hoffactor Elkan, bin, nebst meiner Frau den ganzen Tag mit dem Handel beschäftigt, wir können daher unsere Kinder nicht erziehen, sondern müßen sie lediglich einer fremden Person überlassen; sollen wir uns dabey nach der Wahl eines Dritten richten, was soll alsdann aus diesen Kindern werden, deren gute Erziehung uns doch so sehr am Herzen liegt und welche wir anietzt, zu unserer größten Betrübnis, ganz vermissen. Beständig gab ein solcher gemeinschaftlicher Informator und Schächter zu Familienspaltungen Gelegenheit; er ging aus einem Hause in das andere, und es hing bloß von ihm ab, wen er zusammenhetzen wollte ... Ullmann hat keine Kinder, die einen Unterricht brauchen, mithin ist es bloße Kränkung, wenn er uns zumutet, einen Informator zu behalten, welcher unsere Kinder nicht lehren kann.
(THSA Weimar, Eisenacher Kammerakten Nr. 364)

46 Beim österreichischen „Kaisergulden" wurden 24 Stück statt 20 Stück sächsisch aus der Mark Feinsilber geprägt. Der Wertunterschied beträgt etwa 17 %, weil der Gulden (2/3 Taler) nach sächsischem Fuß = 11,70 g Silber, nach österreichischem Fuß aber nur = 9,75 g Silber enthält. Die Silber-Differenz beträgt somit 1,95 g. – Trotz des Untergewichtes wurden die „Kaisergulden" mit Agio (Aufpreis) ins Land geholt, um überhaupt „grobe Münze" zu haben. Weitere fremde gangbare Münzen waren zu dieser Zeit der französische „Laubtaler" sowie der niederländische „Kronentaler".

47 Der Freipaß, der Jacob Elkan am 3. März 1797 ausgehändigt wurde, hatte folgenden Wortlaut: *Nachdem der Durchl[auchtigste] Fürst und Herr, Herr Carl August etc. tot. titul. mittelst höchstverehrlichen Rescript vom 9. Februar 1797 dem Hoffactor Jacob Elkan zu Weimar die Handelsconcession in der hiesigen Stadt entweder für ihn selbst oder für einen seiner Söhne mit einem Knechte oder jüdischen Handelsbedienten gegen den jährlichen Canon von 50 Gulden Cammerwährung, welche quartaliter zum 4. Theile zu praenummerierenden 10 rt. 22 gr. 6 Pfg. an das hiesige Geleitsamt bezahlt werden müssen, zu ertheilen geruhet haben: als ist demselben gegenwärtiger Freypaß auf 1 Jahr vom 1. April 1797 bis dato 1798 unter gewöhnlicher Unterschrift und vorgedrucktem Fürstl[ichem] Cammersiegel zur Legitimation ausgefertigt und ertheilet worden.*
(THSA Weimar, Eisenacher Kammerakten Nr. 364)

48 Der von Jacob Elkan erwähnte Freipaß hat folgenden Wortlaut:
Von Gottes Gnaden etc.
Ersuchen hiermit alle und jede Ober- und Unter-Obrigkeiten,

hohe und andere Kriegsofficiere, auch gemeine Soldaten zu Roß und zu Fuß, insonderheit alle Gleits-, Zoll-, Accis-, Mauth und dergleichen Beamte und Bediente, auch sonst jedermänniglich, nach Standesgebühr respective freundlich und gnädigst, Sie wollen Vorzeigern dieses, Unsern Fürstlichen Hof-Factor Jacob Elkan, von hier, nebst bey sich habenden Leuten und Fuhrwerk, nicht allein aller Gefälle und Imposten frey paß- und repaßiren laßen, sondern auch zu deren ungehinderten Fortkommen, allen beförderlichen Willen erweisen. Das sind Wir und einen jeden, nach Standes Gebühr, zu erkennen, zu erwiedern und in Gnaden zu erkennen erbötig, die Unsrigen aber vollbringen hieran Unsere Meinung.
Signat[um] Weimar, d[en] 14. Jan[uar] 1790
Carl August H[erzog] z[u S[achsen]
(Landessiegel)
(THSA Weimar, Eisenacher Kammerakten Nr. 364)

49 Carolin (Karolin) = Karl d'or: Von dem bayrischen Kurfürsten Karl Albert geprägte Goldmünze, die nach dem Siebenjährigen Krieg 11 Gulden (Gulden = Zweidrittel-Taler-Stücke) wert war, wenn sie unbeschnitten und vollgewichtig war. Seit 1775 verstand man unter Karolin nur noch eine Summe von 11 Gulden in Kleingeld. – Wahrscheinlich ist „1 Carolin an Unkostenvorschuß" dem Betrag von 11 Gulden gleichzusetzen.

50 Tod und Begräbnis Jacob Elkans beurkundet das Totenbuch der Weimarerer Stadtkirche (TtW 1805–1814, Seite 13) wie folgt:
Montag den 3. Jan[uar] a. c. starb Herr Jacob Elkan, Fürstl[icher] Hof-Factor und Hof-Jude allhier, in einem Alter von 63 Jahren an Nervenschwäche und wurde Donnerstags darauf als den 6. ejusd[em] auf dem allhiesigen Juden-Gottesacker beerdigt. Auf Hochfürstl[ichen] Oberkonsist[orial] Befehl sind die Gebühren einer kleinen halben Schule bezahlt worden, à 3 rt. 27 gr.
E. Vitus Lanz H. Hofrath Huschke
Im Begräbnisverzeichnis des Totengräbers Johann Tobias Bielcke ist als Begräbnistag der 4. Juni angegeben (was jüdischem Brauch mehr entspräche als der oben angegebene Tag), ferner: *Er liegt unter seines Sohnes Kinte* (das heißt unterhalb des Grabes seines Enkelkindes), *welcher begraben den 6. Junius 1804,* bei dessen Eintragung in sein Verzeichnis er hinzugefügt hatte: ... *liegt in ihren Garten, neben ihres Gottes Ackerhause an Stacet an,* wobei ganz unklar bleibt, was er mit ihrem Gottesackerhaus gemeint hat. Ein den Juden gehörendes Haus hat es dort niemals gegeben. Einzig und allein das heute Beckersche Haus an der Westseite des Friedhofs, das auch schon auf dem Blaufußschen Plan von 1799 eingezeichnet ist, könnte in Frage kommen und von Bielcke als den Juden zugehörig gedacht worden sein.

51 Weiter heißt es in der Todesanzeige: *verbitte mir von ihrer Teilnahme überzeugt, alle Beileidsbezeugungen, mit Bemerkung, daß nach unseren Gesetzen die tiefe Trauer nicht erlaubt, acht Tage lang das Gewölbe offen zu haben, Weimar, den 3. Juni 1805*
Jacob Elkans sel. W[i]twe

52 StadtA Weimar, HA I Loc 43 Nr 34

53 *Von Gottes Gnaden Wir Carl August etc urkunden und bekennen hiermit: Demnach Uns die Wittbe des Hoffactors Jacob Elkan, allhier, demütlich bittend angegangen, daß Wir ihr und ihren beiden jüngeren Söhnen Israel und Alexander Elkan den freyen Handel in den hiesigen Landen, mit dessen Erstreckung auf das Amt Allstedt zu ertheilen geruhen möchten und Wir diesem Gesuch dergestalt zu deferiren in Gnaden die Entschließung gefaßt, daß, soviel die hiesigen Lande betrifft, die diesfallsige Handelsconcession, sowie solche ihrem Mann und Vater ertheilt gewesen, gegen Fortzahlung des jährlichen Canons von 20 Rthlr. an Unsere Cammer, auf die supplicierende* Wittbe in Gemeinschaft mit ihren gedachten beyden Söhnen transcribirt, in Ansehung des Amtes Allstedt aber, ihnen gestattet seyn soll, durch eine Person in der Stadt und dem Amte Allstedt, jedoch in der Maase, daß sie sich jedesmal zu Anfang der bestimmten Zeit bey dem dortigen Amte zu melden und auf diese Acht Tage einen Hausier-Zeddel ausstellen zu laßen haben, Handel zu treiben. Als ist zu Urkund deßen gegenwärtiger Concessionsbrief ertheilt, von Uns eigenhändig vollzogen und unter Beydrückung Unsers Fürstl[ichen] Insiegels ausgefertiget worden. So geschehen und getan Weimar den 29. September 1806.*
* suppliciren (supplizieren) = flehentlich um etwas bitten

54 *Den 3. Oct[ober] 1810 hat der Bürger und Becker Carl Stötzer alhier als Lehnsträger der Witwe und Kinder des verstorbenen Herrn Hoffactor Jacob Elkan für gedachte Elkanische Erben, Frau Simcha, Witwe Elkan und deren 8 Kinder das Bürgerrecht, wegen von dem Hoffactor Elkan nachgelassenen Wohnhauses, gewonnen, und es ist in Gemäßheit des Herzogl[ichen] Regierungs-Rescript d. d. 6. Sept[em]ber d[ieses] J[ahres] der Stadtrath angewiesen worden, die Elkanischen Erben nur zur einmaligen Bezahlung der Bürgerrechts-Gebühren anzuhalten.*
(Bürgerbuch der Stadt Weimar)

55 THSA Weimar Hausarchiv D Nr 72

56 StadtA Weimar, HA II-17-19 Begräbnisverzeichnis von Johann Tobias Bielcke, Seiten 690 und 709

57 StadtA Weimar, HA I Loc 38 Nr 1

58 Wörtlich heißt es in dem Bericht des Stadtrates an die Landesdirektion am 30. Mai 1821:
Fern sey es von uns, der Religion halber billigen und gerechten Bitten entgegen zu sein, aber so lange der Jude in seinem Erwerb dem Christen in christlichen Staaten schroff gegenüber-

steht, seinen Erwerb nur im Handel und Geldmäkeley sucht und nicht vielmehr sich bürgerlicher Hantirung und Gewerbe anschließt und so den Bewohnern des Landes, das ihn aufnimmt, zu gleicher Mitwirkung am Leben sich völlig anschließt, so lange müssen wir uns zum wahren Besten unserer Mitbürger gegen die Aufnahme von jüdischen Religionsverwandten erklären und hochpreißliche Landesdirection um hochgeneigte Unterstützung dieser unserer Ansicht so angelegentlich als ehrerbietig erbitten.
Hier ist es auch nicht die Bittstellerin allein, die hierher ziehen will; sie hat 5 Kinder. Gestatten wir ihr den Aufenthalt – selbst angenommen, daß, wie sie anführt, sie einiges Vermögen von ihrem Vater zu erwarten habe –, so haben ihre 5 Kinder ebenfalls ein Recht hier zu bleiben, und leicht sind dann die hiesigen Juden um 5 Familien vermehrt, eine Vermehrung, die für die Folge schwer zu berechnen ist.
(StadtA Weimar, HA I Loc 38 Nr 1)

59 TtW 1848–52, Seite 7

60 TtW 1873–76, Seite 64

61 TtW 1853–61, Seite 160

62 TtW 1853–61, Seite 224

63 TtW 1861–66, Seite 24

64 Particulier (Partikulier) = Privatmann, der von seinem Vermögen lebt

65 TtW 1870–73, Seite 198

66 Mitteilung des Liegenschaftsdienstes Weimar

67 Opodeldoc (Opodeldok) = hautreizendes Einreibemittel gegen Rheumatismus

68 Weimarer Häuserbuch von Wolfgang Huschke im THSA Weimar, Windischenviertel

69 TrW 1822–42, hinter dem Register

70 TfW 1822–32

71 THSA Weimar, Matrikel von Alexander Elkan

72 THSA Weimar B 600b

73 StadtA Weimar, HA I Loc 6 Nr 7

74 Kommissionär = der gewerbsmäßig im eigenen Namen Waren für andere einkauft oder verkauft
Sensal = im Österrreichischen Handelsmakler, Vermittler von Warenkäufen

75 Sie sind in der umfangreichen Akte des Weimarer Stadtarchivs genau zu verfolgen.
(StadA Weimar, HA I Loc 6 Nr 7)

76 TtW 1848–52, Seite 7

77 THSA Weimar A XXV Nr 446

78 Schrickel gibt an: *Elkan ist zu beklagen, die Zeitverhältnisse sowohl wie das Etabliren so vieler anderer Handelsleute, die mit denselben Artikeln handeln, jünger sind und mehr Bekanntschaft haben, haben ihn zurückgebracht, und es steht noch sehr in Frage, ob demselben mit diesen 4000 Rthlr. nach-*

haltig und dauernd geholfen ist, was jedenfalls vorher gründlich erforscht werden müßte.

Elkan selbst äußert in seinem Bittgesuch: *Die jüngsten sechs Jahr waren in nicht zu ahnender Weise einem derartigen Geschäft wie das meine sehr ungünstig; und Gehässigkeiten, zu denen ich keine Veranlassung gegeben habe, theils absichtlich ausgegangen, theils auch ohne es zu bedenken, welch eine Tragweite es für mich, den Geschäftsmann haben könne, haben mir Verlegenheit auf Verlegenheit bereitet, mir Ansichten und Pläne vereitelt.*

Und weiter berichtet Schrickel: *Denen im Publicum hie und da auftauchenden Gerüchten nach sollen die Vermögensverhältnisse Alexander Elkans in keinem guten Zustand seyn. Leider scheint das Gesuch Elkans diese Gerüchte zu begründen, und wenn dem so ist, wer stehet dann dafür, daß in Wochen oder Monaten andere Zahlungsverbindlichkeiten eintreten und Elkan wiederum zu zahlen außer Stande ist, da derselbe in seinem Schreiben von seinen Vermögensverhältnissen schweigt und nur der Zahlungsverbindlichkeiten am 12. dieses Monats gedenkt!*

79 TtW 1861–66, Seite 177

80 TfW 1822–32, hinter dem Register

81 Weimarisches Wochenblatt April 1816

82 TfW 1813–21, alle vier Kinder hinter dem Register

83 SWK/Goethe-und-Schiller-Archiv N 96/a

84 Schutzerlangung erfolgte 1821

85 TtW 1833–40, Seite 282

86 Wenige Tage nach dem Tode ihres Mannes, am 31. Juli 1839, schrieb Jeanette Elkan an einen der Klienten ihres Mannes, Medizinalrat Dr. Ludwig Friedrich von Froriep, folgenden Brief:

Ich habe mich der schmerzlichen Pflicht zu entledigen, Sie hiermit von dem am 28. d[es] M[onats] erfolgten Tode meines geliebten Gatten, des Herrn Julius Elkan in Kenntniß zu setzen.

Das Geschäft wird durch mich unter beibehaltener Firma wie zeither ungestört fortgesetzt. Sie wollen daher von meiner am Fuße gestellten Zeichnung so wie auch davon gefällige Notiz nehmen, daß Herr A[ugust] Callmann per Procura zu zeichnen fortfahren wird .

Mit der Bitte um gütige Erhaltung Ihres Wohlwollens zeichne ich in vollkommenster Hochachtung

Jeanette Elkan.

Jeanette Elkan wird zeichnen: Julius Elkan.

Stiftung Weimarer Klassik/Goethe-und-Schiller-Archiv, Nachlaß Bertuch Nr 3358)

87 StadtA Weimar, HA I Loc 38 Nr 14. Siehe auch HA II-20-13

88 StadtA Weimar, HA I Loc 38 Nr 14. Siehe auch HA II-20-13

89 TrW 1848—58. Seite 87

90 TtW 1848–52, Seite 188

91 *Als Chef zeigte er eine einsichtsvolle und energische Tätigkeit, die ihm allgemeine Anerkennung und weitestes Vertrauen eintrugen. Der Großherzog von Sachsen ehrte ihn durch Titel und Orden. Aber über seine kaufmännische Tätigkeit hinaus bewährte sich der wissenschaftlich feingebildete Mann überall da, wo städtische und geistige Interessen zu pflegen waren. Die Stadt Weimar, in deren Gemeinderat er langjähriges eifriges Mitglied war, sah ihn überall tätig, wo es galt, das Gemeinwohl zu befördern. In reichem Maße zeigte er sich wohltätig nicht allein durch Gaben, sondern auch durch rastlose und angestrengte Tätigkeit für humanitäre Anstalten und Stiftungen. – Seine feine geistige Natur erfreute sich an der Stiftung unserer Shakespeare-Gesellschaft, der er ein treues Mitglied und ausgezeichneter Schatzmeister war. – Ein Mann gesunden, praktischen Sinnes, hatte er sich für alles Schöne und Ideale eine kindlich reine und edle Empfänglichkeit bewahrt und suchte Bestrebungen zur Pflege geistiger Güter zu fördern, wo er konnte. – Ihm selbst war eine nicht gewöhnliche poetische Begabung zu teil geworden.*

92 *Während der langen Jahre seines Bestehens erfreute sich das Haus des uneingeschränkten Vertrauens des großherzoglichen Hauses und aller seiner Mitglieder – auch der auswärts lebenden, soweit deren weimarisches Vermögen in Betracht kam. Als ein sprechendes Zeugnis möge erwähnt werden: Als seinerzeit von Seiten der Weimarischen Bank an die Mitglieder des großherzoglichen Hauses mit dem Wunsche herangetreten worden war, die Geschäfte zu führen, glaubte Großherzog Carl Alexander sich als Landesherr im Interesse seines Landes dem nicht entziehen zu dürfen. soweit es sich um die Zivilliste handelt, bestimmte aber, daß seine Privatschatulle bei Julius Elkan zu verbleiben habe. Von seiten aller anderen Mitglieder des großherzoglichen Hauses. z. B. von der damaligen Königin Augusta von Preußen und der Prinzessin Carl von Preußen (von diesen beiden Schwestern Carl Alexanders war erstere mit König Wilhelm von Preußen, dem nachmaligen Kaiser Wilhelm I., letztere mit dessen Bruder Prinz Carl verheiratet) ist das Ansuchen abgelehnt worden. So ist es bis zu deren Tode geblieben. Auch das Hofmarschallamt verblieb bei Julius Elkan. So war das Verhältnis zum großherzoglichen Hause bis zum letzten Tage des Bestehens von Julius Elkan völlig ungetrübt. Auch das dürfte in einem so langen Zeitraum keine alltägliche Erscheinung sein.*

Den alten Ruf und das Ansehen des Hauses Julius Elkan, wie es geschehen ist, bis zu Ende aufrechtzuerhalten, ist ihm nicht leicht gemacht worden. Die in Weimar tätigen Bankinstitute hatten hohe Staatsbeamte zu Staatskommissaren, hohe Staatsbeamte saßen in den Aufsichtsräten. Die Banken wußten von dieser Tatsache dem Publikum gegenüber weitgehend Gebrauch zu machen. Im Laufe der Jahre waren eine Reihe von

Bankgeschäften entstanden – dauernde und schnell wieder verschwindende –, deren Konkurrenz sich stark fühlbar machte. Berliner Banken traten nicht selten an Behörden und Private mit direkten Angeboten heran, deren Preisstellung niedriger war, als sie an Nichtbörsenplätzen ansässiger Firmen möglich war. Hinzu kam, daß die einheitliche Reichswährung das lukrative Geldwechslergeschäft lahmgelegt und die aufkommende Industrie hohe Kredite bewilligte, die ein Provinzbankier nicht aufbringen konnte. Alles das bedeutete für alteingesessene Privatinstitute schließlich das Ende ihrer Wirksamkeit in der überkommenen Form.
(Der Bankier des klassischen Weimar. Nach eigenen Aufzeichnungen von Kommerzienrat und Hofbankier Dr. jur. Roderich Menzel Moritz. In: Allgemeine Thüringische Landeszeitung vom 12. September 1931)

93 *Wenn die Shakespeare-Gesellschaft aus den Kenntnissen und Erfahrungen des Heimgegangenen große Vorteile zog, so ergab sich für jeden einzelnen, der ihm näher treten durfte, ein persönlicher Gewinn von den Ausstrahlungcn seiner Gesamtpersönlichkeit. Mit weltmännischer Gewandtheit und vollendeter Beherrschung der äußeren Form im geselligen Umgang verband er einen seltenen Herzenstakt, der den Verkehr mit ihm besonders anziehend gestaltete. Dabei pflegte er als Mann von Charakter, der die Sache über die Person stellt, seiner Überzeugung stets offen und unumwunden Ausdruck zu verleihen, auch wenn seine Absicht im Augenblick anderen weder angenehm noch erwünscht erscheinen mochte. Er war ein „gentleman" im besten Sinne des Wortes!*

94 Louis d'or (Louisdor) = 1771 bis 1786 in Frankreich geprägte Goldmünze im Werte von fünf Reichstalern und zwei Groschen. Der L. war – oft nachgeahmt – auch in Deutschland eine gängige Goldmünze.

95 TtW 1756–91. Seite 126

96 Negociant – Geschäftsmann, Kaufmann, Vermittler

97 Mit einem Jahreseinkommen von 3000 Talern 1820 (Nach Hans Eberhardt, Goethes Umwelt, Weimar 1951)

98 TtW 1804–12, vor dem Register

99 WA Briefe Bände 12, 16, 22, 28, 30 bis 35, 46, 47, 50; Tagebücher Bände 2 bis 7, 12

100 *Gestern entschlief zu einem besseren Leben unser innigst geliebter und würdiger Gatte, Vater, Schwiegervater und Großvater, der Großherzogliche Hofkommissair und Banquier GABRIEL ULMANN. Unter den Gefühlen der tiefsten Wehmut entledigen wir uns der Pflicht, diesen uns unersetzlichen Verlust allen Gönnern und Freunden des Verewigten hiermit bekannt zu machen, und bitten um die Fortsetzung ihres Wohlwollens und um stille Teilnahme.*
Weimar, den 16. April 1816.
Die Hinterbliebenen

(Weimarisches Wochenblatt 1816, Nummer 23)

101 TtW 1815–21, Seiten 61 und 133 (Gabriel und Breine), 1822–32, Seite 268 (Ephraim)

102 *Mittwoch, den 26ten Mai in der Jahrmarktswoche starb in Weimar der israelitische Bürger und Banquier, Hr. Ephraim Ulmann, welcher zwölf Tage zuvor erst von der Leipziger Messe gekommen war. Freitag, den 28ten Mai früh 1/45 Uhr wurde die Leiche beerdigt. ein ganz gewöhnlicher Wagen war schwarz angestrichen, und zwei Pferde, welche dem Hofzimmermann Meister Schenken gehörten, fuhren die Leiche aus dem Hofe seines Hauses über den Carlsplatz nach dem Jüdischen Gottesacker zu; neben dem Hause, welches der Hof-Lacai Geist erbaut hatte, gehet der Sarg nach dem Grabmale des Herrn Ulmann, was sein Familien-Begräbniß war, es war mit einer Mauer umgeben. Die Herrn Söhne des Verewigten und mehrere Israeliten (worunter auch einige Fremde waren zum Jahrmarkt) folgten dem Leichenwagen, auch der Herr Adjudant v. Germar, deßen Familie viele Jahre im Hauße des Verewigten wohnte, begleitete den Zug mit bis zur Beerdigung. Der Kaufmann Israel Elkan ordnete alles an, der Sarg wurde bei dem Tischlermeister Carl Jander gemacht, allein von den Israeliten und zwar von Levi Lichtenstein verfertiget worden, es war blos ein Kasten, die Bretter blos abgehobelt, worin der Leichnam lag. Nach dem Einsenken in das Grab stieg ein Jude hinein namens Sachse, welcher das Amt eines Geistlichen oder Rabbiners verrichtete, deckte den Deckel ab, welcher bloß vier Nägel hatte, die aber nicht festgeschlagen waren, gab ein kleines Säkgen von weißer Leinewand heraus, worin jeder anwesende Jude ein bis zwei Hände voll Erde that, welches der Rabbiner zuschnürte und es dem Leichnam unter den Kopf legte, und etwas Stroh, was unter dcm Haupte lag, nahm er weg und legte es hinter den Sarg. Der Leichnam lag ganz gerade in dem Kasten (oder Sarg), ohne daß etwas sich ohne den Anzug in dem Sarge befand, sodann deckte der Rabbiner das Gesicht auf und legte Scherbenstücke, (von der Größe eines Laubthalers) auf die Augen und Ohren, darauf verband er die Hände mit dem Sterbekleide, daß nur 2 Zoll lang von den Fingern zu sehen war, machte den Deckel darauf, die vier Nägel steckte er wieder daran. aber es bekam kein Nagel etwa einen Schlag, auch wurde ein Schloß, ohngefähr drei Zoll breit mit in das Grab geworfen, als der Rabbiner aus dem Grabe stieg, machte der hiesige Totengräbnr namens Zilltsch und Buchspies als Gehülfe das Grab zu. Nachdem gingen die Israeliten an den Brunnen (die Litter* genannt) und wuschen sich ihre Hände, außer dem Banquier Julius Elkan (welcher nicht mit im Ulmannschen Hauße zuvor war und erst auf der Alten Burg zu der Leiche kam), der wusch seine nicht, Die Witbe des Verstorbenen und die Töchter gingen nicht mit zu Grabe.*
(THSA Weimar F 2140 Seite 279b f)

*Litter = mundartlich, gemeint ist offenbar die Leutra-Quelle an der Sternbrücke im Park an der Ilm
103 TtW 1841–47, Seite 353
104 TtW 1851–67, Seite 163
105 TtW 1870–73, Seite 134
106 Allgemeine Thüringische Landeszeitung Deutschland, 21. Dezember 1893
107 TtW 1889–94, Seite 185
108 StadtA Weimar, HA II-17-19, Seite 412 Bielcke
109 TfW 1762–76, Seite 299 und TtW 1756–91, Seite 121
110 StadtA Weimar, HA II-17-19, Seite 299
111 TtW 1805–14, Seite 73
112 *Ich will mich hierdurch denen Eltern, die ihre Kinder im Tanzunterricht zu sehen wünschen, sowie anderen Tanzlustigen wieder in gütige Erinnerung bringen und mich bestens empfehlen, indem ich mir schmeicheln zu dürfen glaube, daß mir das zuvor erhaltene, mir so schätzbar geneigte Zutrauen auch jetzt wieder zu Theil werden wird, für dessen immerwährendes Erhalten ich mich stets auf das Äußerste bemühen werde. Ich werde meinerseits nichts unterlassen, was zur guten Ausbildung und Haltung des Körpers sowie auf übrige feine Sitte und Anstand der mir anvertrauten jungen Zöglinge aufs thätigste hinwirken kann.*
(Weimarisches Wochenblatt 2. September 1812)
113 Matrikel des Israel Levi Lichtenstein
114 TtW 1853–61, Seite 135
115 TfW 1851–56, Seite 167
116 TfW 1851–56, Seite 79
117 TtW 1894–98, Seite 66
118 TfW 1851–56, Seite 79
119 TtW 1882–86, Seite 171
120 TtW 1853–61, Seite 290
121 Eine Quadratrute = 20,36 m². Somit ist das Stück etwa 81 Quadratmeter groß.
122 Michelshuhn – Bis Mitte und gegen Ende des 18. Jahrhunderts war es üblich, neben Geld auch Naturalleistungen zu fordern. Hier wurde also 1/48(!) Huhn zu Michaelis gefordert.
123 Begräbnisverzeichnis des Totengräbers Johann Tobias Bielcke, Seite 364
124 THSA Weimar B 2189
125 Vergleiche den Gentzschen Grundriß
126 Mitteilung von Frau Ilse-Sibylle Stapff, Weimar
127 Kompliziert und im Endresultat unbefriedigend ist das Schicksal des Ulmannschen Friedhofs nördlich des Elkanschen. Nachforschungen der Verfasserin ergaben, daß der für das Jahr 1900 noch im Grundbuch als Besitzer genannte Dr. Heinrich Ulmann im Jahre 1931 neunzigjährig in Darmstadt verstorben ist. Als Alleinerbin seines Besitzes bestimmte er testamentarisch seine Tochter Gertrud Ulmann, die ihrer-

seits in ihrem Testament von 1940 ihren Neffen Dr. Werner Kümmel – derzeit emeritierter Professor der Theologie in Darmstadt – zu ihrem Alleinerben bestimmte. Sie starb um 1943 in Theresienstadt. Professor Dr. Kümmel hatte sich nun als rechtmäßiger Besitzer des Ulmannschen Friedhofs in Weimar auszuweisen. Das gelang trotz aller Bemühungen bei den zuständigen Behörden in Darmstadt und Frankfurt am Main nicht, weil von den notwendigen Erbscheinen nur der von Gertrud Ulmann, nicht aber der ihres Vaters Dr. Heinrich Ulmann, auffindbar ist. Ob er in der Nazizeit als jüdisches Dokument oder durch Bombenangriff vernichtet wurde, ist nicht mehr feststellbar.

Bildnachweis

Fotoatelier Louis Held, Eberhard Renno, Weimar, Seiten 59 (2), 100 unten – Foto-Kreutter, Marburg, Seiten 76, 84, 85 (2), 86, 88 (3), 89 – Dr. Lutz Scheider, Weimar, Umschlag und Seiten 17, 18, 44, 48, 50, 58 (3), 62, 69, 70 (2), 78, 80, 81 (2), 112 , 113, 114, 115, 116, 118, 119, 120, – Stiftung Weimarer Klassik (SWK) Seiten 28, 53 (2), 71, 72 – Thüringer Hauptstaatsarchiv Weimar (THSAW) Seiten 38, 39, 40, 100 oben – Privat Seiten 90 (2), 139

Quellen und Literatur

Quellen

Türinger Hauptstaatsarchiv Weimar
Stadtarchiv Weimar
Tauf-, Trau- und Totenbücher der Stadtkirche zu Weimar
Weimarische wöchentliche Anzeigen und ihre Nachfolgezeitungen
Jahrbücher der Shakespeare-Gesellschaft
Jahrbücher der Goethe-Gesellschaft
Adreßbücher der Stadt Weimar
Heinrich Ulmann: Erinnerungen aus der Jugend und dem Gelehrtenleben. Ms 1921

Literatur (Auswahl)

Heß, Dr. Mendel: Predigten und Gelegenheitsreden. 1. bis 3. Sammlung. Eisenach 1839, Hersfeld 1843, Weimar 1848

Biedenfeld, Ferdinand Freiherr von: Weimar, ein Führer für Fremde und Einheimische. Weimar 1841

Stern, Salomon: Geschichte des Judentums von Mendelssohn bis auf die Gegenwart. Frankfurt am Main 1857

Keil, Karl Friedrich: Handbuch der biblischen Archäologie. Frankfurt am Main und Erlangen 1858/59

Löwenheim, Julius: Katechismus für den israelitischen Religionsunterricht in Schule und Haus. Eisenach 1864

Jaraczewsky, Adolph: Die Geschichte der Juden in Erfurt. Erfurt 1868

Biedermann, Woldemar Frh. von (Hrsg.): Goethes Gespräche. Band 1–10. Leipzig 1889–1896

Geiger, Ludwig: Goethe und die Juden. Ohne Ort und ohne Jahr (um 1890)

Human, Armin: Geschichte der Juden im Herzogtum Sachsen-Meiningen-Hildburghausen. Hildburghausen 1898

Kuhn, Karl: Aus dem alten Weimar. Wiesbaden 1905

Hartung, Fritz: Das Großherzogtum Sachsen unter der Regierung Carl Augusts 1775 bis 1828. Weimar 1928
Cohen, Gustav: Der jüdische Friedhof. Seine geschichtliche und kulturgeschichtliche Entwicklung. Frankfurt 1930
Bornemann, V.: Geschichte der Münzstätte Eisenach. Halle 1932
Keßler, Gerhard: Die Familiennamen der Juden in Deutschland. Leipzig 1935
Bechstein, Karl: Schlösser und Gärten in Altweimar. Weimar 1936
Frede, Lothar: Die Sechserplage. Geldschwierigkeiten in Sachsen-Weimar-Eisenach unter Anna Amalia. Jena 1939
Eissfeld, Otto: Der Beutel der Lebendigen. Berichte über die Verhandlungen der Sächsischen Akademie der Wissenschaften zu Leipzig, philologisch-historische Klasse, Band 105, Heft 6. Berlin 1960
Geist, Robert Raphael: Vom unbekannten Judentum. Herder-Bücherei Freiburg 1961
Monumenta Judaica. Katalog der Aussstellung im Kölner Stadtmuseum. Köln 1963/64
Bruford, Walter H.: Kultur und Gesellschaft im klassischen Weimar. Göttingen 1966
Krüger, Renate: Die Kunst der Synagoge. Leipzig 1966
Elbogen-Sterling: Die Geschichte der Juden in Deutschland. Frankfurt am Main 1966
Oppenheimer, John: Lexikon des Judentums. Gütersloh 1967
Günther, Gitta und Lothar Wallraff (Hrsg.): Geschichte der Stadt Weimar. 2., durchges. Auflage. Weimar 1976
Eschwege, Helmut: Die Synagoge in der deutschen Geschichte. Dresden 1980
Eberhardt, Hans: Weimar zur Goethezeit, Gesellschafts- und Wirtschaftsstruktur. Weimarer Schriften. Weimar 1981

Danksagung

Allen denen, die die hier veröffentlichten Forschungen an Ort und Stelle und in den Archiven mit ihrem Interesse und mit Rat und Tat begleitet haben – insbesondere Frau Professor Dr. theol. Eva Oßwald, Weimar, für ihre Bemühungen um die Entzifferung und Übersetzung der hebräischen Inschriften, Herrn Dr. Lutz Scheider, Weimar, für seine unermüdliche Bereitschaft zu fotografischen Aufnahmen, Frau Dr. Renate Müller-Krumbach, Weimar, für so manchen freundlichen Hinweis und Herrn Professor Dr. theol. Werner Kümmel in Marburg als dem Enkel Heinrich Ulmanns für die Einsicht in wichtige Dokumente und die Überlassung von Aufnahmen seiner Familienbilder –, sei herzlicher Dank gesagt, in den ich auch meine jüdischen Freunde einschließe, deren mit Würde und Tapferkeit getragenes Schicksal in der Zeit der Verfolgung ich miterleben und mittragen durfte.

Dr. Eva Schmidt

Hinweis

Dieses Heft 48 der Weimarer Schriften ist eine im Text unveränderte, jedoch völlig neu gestaltete und reicher bebilderte zweite Auflage der 1984 erschienenen 8. Folge der Reihe Tradition und Gegenwart/Weimarer Schriften.

Wir danken für das erneute Bereitstellen des Bildmaterials insbesondere Herrn Professor Dr. theol. Werner Kümmel in Marburg und Herrn Dr. Lutz Scheider, für die Biografie der 1988 verstorbenen Autorin Frau Dr. phil. Uta Kühn-Stillmark sowie für freundliche Hilfen Herrn Kirchenrat Dr. theol. Herbert von Hintzenstern und Frau Elke Minckwitz.

Das Redaktionskollegium

Autorin

Dr. phil. Eva Schmidt
(10. April 1897
bis 24. Februar 1988)

In den letzten Junitagen des Jahres 1943 beherbergte Eva Schmidt ihre jüdische Freundin, die Historikerin Else Behrend-Rosenfeld, in Weimar. Letztere war nur mit Mühe einem bayrischen Sammelpunkt für Deportationen entronnen und hatte unter falschem Namen in verschiedenen Verstecken in Berlin gelebt. Nun war sie erneut auf der Flucht. Sie reiste über Weimar, um nach einer kleinen Ruhepause von hier aus in den Breisgau zu gelangen und sich wiederum bei Freunden zu verbergen. Seit 1938 lebte Else Behrend-Rosenfeld getrennt von ihrer nach England emigrierten Familie. Eva Schmidt genoß in dieser Zeit ihr besonderes Vertrauen, an ihren Rat und ihre Hilfe klammerte sie sich – so bekennt sie später in ihrer Autobiographie – „wie der Ertrinkende an den Strohhalm".

In dem weitläufigen Kreis der Menschen, die Eva Schmidts Persönlichkeit und wissenschaftliches Werk schätzten, gab es nur wenige, die von diesem einschneidenden Ereignis in ihrem Leben wußten. Unvergeßlich aber ist es denen, die sie selbst davon sprechen hörten. Sie spürten den Nachhall ihrer eigenen Erschütterung, jene starke Betroffenheit und Ratlosigkeit, von denen ihre Freundin damals nichts ahnen durfte, um nicht die Hoffnung auf Rettung zu verlieren.

Doch noch vier Jahrzehnte vergingen, ehe Eva Schmidt dem Gedächtnis Else Rosenfelds eine Schrift widmen konnte, in der sich ihr ganzes Engagement für das jüdische Volk in ergreifender Weise offenbart. Eva Schmidt fühlte sich verpflichtet, ihren ganz persönlichen Beitrag zu leisten, und sie fand ihn in ihrem eigenen Umkreis. Viele Jahre forschte sie über die jüdischen Familien, die sich seit der Regierungszeit der Herzogin Anna Amalia in Weimar angesiedelt hatten. Sie sorgte für die Wiederherstellung ihres Friedhofes in der Leibnizallee, indem sie dem Verbleib der Grabsteine nachging und die wenigen, die sie noch fand, aufstellen ließ. Sie hatte dabei großen behördlichen Widerstand zu überwinden.

Eva Schmidt stammte aus Ottmachau an der Glatzer Neiße, wo sie am 10. April 1897 als Tochter eines Amtsrichters geboren worden war. Nach dem frühen Tod des Vaters zog sie mit ihrer Mutter nach Berlin zu Verwandten. Hier wuchs sie unter der strengen Obhut von Mutter und Großmutter auf. Nach dem Abitur ließ sie sich 1916 an der Jenaer Universität immatrikulieren und wählte die Studienfächer Germanistik, Biologie und Geographie. Jena spielte seit der Jahrhundertwende in der Jugendbewegung eine große Rolle. Hier hatte der Verleger Eugen Diederichs die Vereinigung „Sera“ gegründet. Eva Schmidt schloß sich begeistert einem Kreis junger Menschen an, die für eine natürliche Lebensform empfänglich waren, Theaterspiel und Volkslied pflegten, gemeinsam wanderten und anregende Gespräche über Kunst, Literatur, Natur- und Geisteswissenschaften führte. Das Streben der Jugendbewegung nach „innerer Wahrhaftigkeit“, hoher Ethik und Kultur war für Eva Schmidt und ihren Freundeskreis, mit dem sie auch später in Verbindung blieb, ein wichtiges Fundament, auf das sie ihr Tätigsein begründeten. Auch Else Behrend-Rosenfeld gehörte zu ihren Anhängern.

1921 schloß Eva Schmidt ihr Studium ab und promovierte mit einer Arbeit über die Stadtgeographie Jenas. Zunächst wurde sie Studienassessorin, dann Studienrätin in Waltershausen. 1929 wählte sie Weimar als Wohnort, wohin ihr auch ihre Mutter folgte. Eva Schmidts große Stärke als Lehrerin lag damals in einem lebensnahen Naturkundeunterricht, den sie, da sie dessen dringende Reformierung erkannt hatte, nach neuen Kriterien gestaltete. Mit welch großer Verantwortung sie auch ihre anderen Unterrichtsfächer, wie die deutsche Literatur, wahrnahm, geht aus einem Bericht hervor, der ihre Sorge um die ihr anvertrauten Schülerinnen lange vor dem Ende des zweiten Weltkrieges bekundet. Ihr Beistand galt daher nach dem Zusammenbruch des deutschen Reiches vor allem „der innerlich und äußerlich aller festen Bindungen ledigen Jugend“. Da im zerstörten Weimar in der ersten Besatzungszeit die Zusammenkunft größerer Gruppen streng untersagt war, traf sich in ihrer Wohnung ein kleinerer Zirkel ihrer früheren Abiturientinnen, der bald zu einem engen Freundschaftsbund zusammenwuchs. Unter ihnen gab es junge Mädchen, die damals nicht aus eigener Kraft aus der tiefen Erbitterung, Bestürzung und Abstumpfung herausfanden. Eva Schmidt hatte ihre geistige Führung übernommen. Sie regte sie zu lebhaftem Gedankenaustausch über philosophische, religiöse und politische Themen an, las und besprach mit ihnen die Werke der Weltliteratur.

Eva Schmidt war in dieser Zeit an der Schilleroberschule tätig. Aber die Möglichkeiten, die sie in ihrem Lesekreis ausschöpfen konnte, waren ihr hier versagt. Ihre Gesundheit hatte sich durch die letzten schweren Jahre verschlechtert, und so schied sie 1952, nach einer dreißigjährigen Wirksamkeit als Lehrerin, aus dem Schuldienst.

Jetzt erschloß sich ihr ein völlig neues Betätigungsfeld. Sie fühlte sich frei von dem lastenden seelischen Druck, den sie in der Schule empfunden hatte. Bisher hatte sie ihre detaillierten Kenntnisse, die sie sich vor allem auch auf dem literarischen, kirchen- und kunsthistorischen Sektor erworben hatte, nur einem kleinen Kreis von Menschen nahebringen können. Schon lange war es ihr Wunsch gewesen, sich wissenschaftlichen Aufgaben zuzuwenden. Sie trat in den kirchlichen Dienst ein, um beim Aufbau der zerstörten Stadtkirche St. Peter und Paul wesentliche Arbeiten zu übernehmen. Dazu gehörte vorrangig die Erschließung und Nutzbarmachung der Stadtkirchen- und Ephoralbibliothek, die bibliophile Kostbarkeiten aus dem 16. und 17. Jahrhundert enthält und mit ausgelagerten Beständen ergänzt werden mußte. Auch befaßte sie sich mit der Entzifferung der Epitaphe und übersetzte die schwer lesbaren Inschriften aus der lateinischen in die deutsche Sprache.

Die Wiedereinweihung der Stadtkirche, die in das Herdergedenkjahr 1953 fiel, leitete eine Reihe von Veröffentlichungen ein, die Eva Schmidt nicht nur als kompetente Herausgeberin theologischer und kirchenhistorischer Beiträge auswiesen, sondern auch die Ergebnisse ihrer eigenen Quellenforschung darlegten – wie in „Die Stadtkirche St. Peter und Paul“ (Union Verlag 1953). Sie schrieb zahlreiche Studien über Grabdenkmäler und Grabtafeln vor allem aus der Epoche der Ernestiner (hier speziell über die Tiersymbolik) und der Goethezeit. Von Bedeutung sind ihre Arbeiten über den Rudolstädter Bildhauer Nicolaus Bergner und den Arnstädter Baumeister Christoph Junghans. Ein besonderer Schwerpunkt ihrer Untersuchungen lag auf dem achtzehnten und frühen neunzehnten Jahrhundert. Sie vertiefte sich in das Werk von Persönlichkeiten, die der Vergessenheit anheim gefallen waren, obgleich sie viel in ihrer Zeit bewirkt hatten. Zu nennen ist hier eine bislang unveröffentlichte Monographie über den Eisenacher Bildhauer und Zeichner Johann Heinrich Hose, die auf dem Studium schwer zu ermittelnder Quellen und Archivalien beruht. Eva Schmidts Vielseitigkeit zeigt sich jedoch auch in ihren Forschungen über die schöngeistige Julie von Bechtolsheim und deren Beziehungen zu Goethe und Wieland, den jungen Emil von Herder und den Erbprinzen Carl Friedrich. Sie verstand es, trotz aller vorsichtigen und kritisch-abwägenden Beurteilung der Dokumente, ihren Gestalten lebendige Züge zu verleihen. Das Thüringer Hauptstaatsarchiv bewahrt einen Teil ihres regionalgeschichtlichen Nachlasses auf, der einer genauen Sichtung bedarf. Unter den unveröffentlichten Studien ist auch ihre durch Jahre gereifte Arbeit über die Gestalt des israelitischen Propheten Jonas zu nennen. Eva Schmidt bezeichnete sie als ihre „eigentliche Dissertation". Es handelt sich hierbei um eine ikonographische Deutung des Themas: das Jonassymbol als christologisches System der Auferstehung. Auch liegt dazu ein wertvolles, zum Teil noch unbekanntes Bildmaterial vor.

Eva Schmidt war bis ins hohe Alter hinein tätig und arbeitete unermüdlich, obgleich es ihr bewußt war, daß sie das Erscheinen mancher Abhandlungen nicht erleben würde. Sie hatte gelernt, zu kämpfen und schwierige Situationen und Widerstände ohne Klage zu meistern. Diese Stärke nach außen hin zu bewahren, ja fast unnahbar und abweisend zu wirken, war ein Hauptzug ihres Wesens. Sie verbarg damit oft ein tiefes Mitgefühl, das sie im Inneren sehr verletzlich machte, und das sich nur manchmal spontan Bahn brach. Auf viele Menschen, vor allem junge, hatte ihre Persönlichkeit eine zwingende Ausstrahlungskraft. Sie wandte sich ihnen mit echter Teilnahme und aktiver Hilfe zu. Ihre Ansprüche an Freundschaften konnten indes etwas Absolutes haben. Darin liegt auch eine große Tragik, da manche Beziehung in die Gefahr geriet, unwiederbringlich zerstört zu werden. Aus der Zeit der Jugendbewegung hatte sie ihre Liebe für Spaziergänge und Wanderungen in die thüringische Landschaft bewahrt. Menschen die ihr nahestanden, ließ sie gern an diesen Unternehmungen teilhaben. Ihre feine Beobachtungsgabe, ihr ausgeprägter Sinn für die Schönheiten der Natur, in die sie auch die kunsthistorischen Stätten mit einbezog, hatten etwas Erfrischendes und Einmaliges.

Die beiden letzten Jahrzehnte ihres Lebens wohnte Eva Schmidt in der Külzstraße in einer kleinen Mansarde. Wer sie hier aufsuchte, sah sie inmitten der ihr liebgewordenen Bilder und Kunstgegenstände und einer auserlesenen Bibliothek, die Werke der Klassiker, Judaika, Gegenwartsromane, Kunstbände und wissenschaftliche Schriften verschiedener Bereiche enthielt. Hier saß sie an ihrem Schreibsekretär, auf dem sich Manuskripte und eine weitverzweigte Korrespondenz türmten. Wenn sie den Blick von ihrem Arbeitsplatz hob und dem Fenster zuwandte, schaute sie über die Dächer, Türme und Bäume der Stadt. Jeden Tag konnte man sie dorthin eilen sehen, um Touristen in der St.-Peter-und-Paul-Kirche zu betreuen oder Bibliotheken und Archive aufzusuchen. Stets war es ihr dann ein Bedürfnis, noch ein persönliches Gespräch zu führen, das ihr in zunehmendem Maße auch Atempause und Entspannung bedeutete, ehe sie, oft spät am Abend, den Heimweg antrat.

Auf einem ihrer Gänge durch die Stadt erlitt sie einen Unfall, der eine langwierige Behandlung im Krankenhaus und schließlich den Aufenthalt in einem Pflegeheim in Weimar-West erforderte. Hier starb sie am 24. Februar 1988, wenige Wochen vor Vollendung ihres 91. Lebensjahres.

Blättert man in Eva Schmidts hinterlassenen, ihrem Lesekreis gewidmeten Aufzeichnungen, stößt man auf Gedanken und Betrachtungen, die ein lebendiges Bild ihrer Persönlichkeit widerspiegeln. So möge hier am Schluß ein Wort von ihr stehen, dessen enger Bezug zu ihrem eigenen Wirken unverkennbar ist:

„Manche Sterne werden uns noch leuchten, berühmte und namenlose, aus dem Leben und aus der Dichtung, aus der Gegenwart und aus der Vergangenheit. Immer aber wird unsere Liebe am meisten denen gehören, die still und ohne Aufhebens ihr Werk getan haben."

Uta Kühn-Stillmark